Das Erste Französische Lesebuch für Anfänger

Eugene Gotye

Das Erste Französische Lesebuch für Anfänger
Stufen A1 A2
Zweisprachig mit Französisch-deutscher Übersetzung

Das Erste Französische Lesebuch für Anfänger

von Eugene Gotye

Audiodateien: www.lppbooks.com/French/FirstFrenchReader_audio/

Homepage: www.audiolego.com

Umschlaggestaltung: Audiolego Design

Umschlagfoto: Canstockphoto

5. Ausgabe

Copyright © 2013 2014 2015 2018 Language Practice Publishing

Copyright © 2015 2018 Audiolego

Alle Rechte vorbehalten. Das Werk ist urheberrechtlich geschützt.

Alphabet français is an attribution with changes. It is exclusive of copyright: www.wikiwand.com/de/Französische_Sprache

Table des matières
Inhaltsverzeichnis

Alphabet français 7

Anfänger Stufe A1 15

So steuern Sie die Geschwindigkeit der Audiodateien 16

Kapitel 1 Robert hat einen Hund 17

Kapitel 2 Sie wohnen in Bordeaux 20

Kapitel 3 Sind sie Franzosen? 22

Kapitel 4 Können Sie mir bitte helfen? 26

Kapitel 5 Robert wohnt jetzt in Frankreich 30

Kapitel 6 Robert hat viele Freunde 34

Kapitel 7 Bernard kauft ein Fahrrad 37

Kapitel 8 Louise will eine neue DVD kaufen 40

Kapitel 9 André hört deutsche Musik 43

Kapitel 10 André kauft Fachbücher über Design 46

Kapitel 11 Robert will ein bisschen Geld verdienen (Teil 1) 49

Kapitel 12 Robert will ein bisschen Geld verdienen (Teil 2) 52

Fortgeschrittene Anfänger Stufe A2 55

Chapitre 13 Le nom de l'hôtel 56

Chapitre 14 Aspirine 59

Chapitre 15 Anne et le kangourou 63

Chapitre 16 Les parachutistes 67

Chapitre 17 Éteins le gaz! 72

Chapitre 18 Une agence d'emploi 76

Chapitre 19 Bernard et Robert nettoient le camion (partie 1) 80

Chapitre 20 Bernard et Robert nettoient le camion (partie 2) 84

Chapitre 21 Une leçon 88

Chapitre 22 André travaille dans une maison d'edition 91

Chapitre 23 Le règlement des chats 95

Chapitre 24 Un travail d'equipe 99

Chapitre 25 Robert et Bernard cherchent un nouvel emploi 104

Chapitre 26 Postuler au journal "Les nouvelles de Bordeaux 109

Chapitre 27 La patrouille de police (partie 1) 114

Chapitre 28 La patrouille de police (partie 2) 120

Chapitre 29 FLEX et Au pair 126

Wörterbuch Französisch- Deutsch 130

Wörterbuch Deutsch-Französisch 145

Buchtipps 160

Alphabet français

Französisches Alphabet

Groß	Klein	Name	IPA	deutsches Beispiel	Diakritika und Ligaturen
A	a	ah	/a/	Apfel	À à, Â â, Æ æ
B	b	bay	/be/	Baum	
C	c	say	/se/	Katze	Ç ç
D	d	day	/de/	Dorf	
E	e	eugh	/ə/	Erle	É é, È è, Ê ê, Ë ë
F	f	eff	/ɛf/	Flieder	
G	g	jay	/ʒe/	Garten	
H	h	ash	/aʃ/	Themse (stummes H)	
I	i	ee	/i/	Igel	Î î, Ï ï
J	j	jee	/ʒi/	Djakarta	
K	k	kaa	/ka/	Katze	
L	l	ell	/ɛl/	Laube	
M	m	emm	/ɛm/	Maus	
N	n	enn	/ɛn/	Nicolas	
O	o	oh	/o/	Obst	Ô ô, Œ œ
P	p	pay	/pe/	Papagei	
Q	q	cue	/ky/	Katze	
R	r	air	/ɛʁ/	Rabe	
S	s	ess	/ɛs/	Saat	
T	t	tay	/te/	Taube	
U	u	ooh	/y/	Uhu	Ù ù, Û û, Ü ü
V	v	vay	/ve/	Wasser	
W	w	Double vay	/dubləve/	Weide	
X	x	eeks	/iks/	Axt	
Y	y	ee-grec	/iɡʁɛk/	Jagd	Ÿ ÿ
Z	z	zayd	/zɛd/	Zombie	

Stumme Zeichen

Aufgrund ihrer Geschichte, in der sich die Aussprache teilweise deutlich, die Schreibweise aber gar nicht geändert hat, hat die französische Sprache einen sehr großen Anteil stummer Zeichen. Insbesondere am Wortende können ganze Zeichengruppen stumm bleiben.

Wortanfang

Ein h am Wortbeginn bleibt stumm. Es wird jedoch – vor allem aus sprachgeschichtlichen Gründen – zwischen zwei verschiedenen h unterschieden: Neben dem ursprünglich aus der lateinischen Schreibtradition stammenden h gibt es das h aspiré („gehauchtes h"), das erst im 16. Jahrhundert in der Aussprache verstummt ist. Dieses h aspiré hat bis heute indirekte Auswirkungen auf die Aussprache:

1. Der bestimmte Artikel in der Einzahl hat vor h aspiré dieselbe Form wie vor einem beliebigen Wort, das mit Konsonant beginnt, vgl. le haricot „die Bohne", la haine „der Hass".
2. Es gibt keine Liaison (s.u.) vor einem Wort, das mit h aspiré beginnt, vgl. les |haricots „die Bohnen", ils |haïssent „sie hassen".

Konsonant am Wortende

Ist der Konsonant am Wortende ein -t (außer nach s), ein grammatisch bedingtes -s oder -x, einer dieser beiden Buchstaben in Ortsnamen, die Endung -d in den Verben auf -dre, die finite Verbendung -nt oder ein deutsches -g in Ortsnamen, so wird er nicht ausgesprochen, und vor ihm werden auch alle etwa noch davorstehenden p, t, c/k, b, d, nicht ausgesprochen.

- haut – [o] – „hoch" (männliche Form, Singular)
- suis – [sɥi] – „(ich) bin"/„(ich) folge"/„(du) folgst"
- peux – [pø] – „(ich) kann"/„(du) kannst"
- Paris – [paʁi] – „Paris"
- Bordeaux – [bɔʁdo] – „Bordeaux"
- donnent – [dɔn] – „(sie) geben" (am Wortende ist auch noch ein [ə] ausgefallen)
- attend – [atɑ̃] – „(er/sie/es/man) wartet"
- Strasbourg – [stʁazbuʁ] – „Straßburg"
- rompt – [ʁɔ̃] – „(er/sie/es/man) bricht"

Ferner haben ein stummes *r*

- die Infinitive der Verben auf *-er* wie *donner* „geben"
- die Standesbezeichnungen auf *-er* wie *boulanger* (fem. *boulangère*) „Bäcker"
- die Maskulina der meisten Adjektive auf *-er* / *-ère*, aber mit den Ausnahmen *cher* „teuer" und *fier* „stolz", wo auch im Maskulinum das *r* gesprochen wird.

Weiterhin haben *assez* „genug", *chez* „bei" und die Verbformen auf *-ez* (2. P. Pl.) stummes *z*. Die Adjektive auf (im Femininum) *-ille* haben im Maskulinum stummes *l* (*gentil* [ʒɑ̃ti], *gentille* [ʒɑ̃tijə] „freundlich"); bei der Liasion wird dieses wie doppeltes *l*, also der Eselsbrücke zufolge wie das Femininum ausgesprochen (*gentilhomme* [ʒɑ̃tijɔm] „Gentleman").

Unregelmäßig fällt der Konsonant aus bei

- *vainc* – [vɛ̃] – „siegt"
- *assied* usw. – [asje] „setzt"
- *pied* – [pje] – „Fuß" und
- *clef* – [kle] – „Schlüssel" (daher mittlerweile meist *clé* geschrieben)
- *est* – [ɛ] – „ist".

In gewissen Wortverbindungen wird ein sonst stummer Endkonsonant ausgesprochen, wenn das nächste Wort mit Vokal beginnt (sog. Liaison). Dazu gehören verpflichtend unter anderem folgende Verbindungen:

- unbestimmter Artikel (Maskulinum) plus Adjektiv oder Substantiv: un ami – [œ̃n ami] – „ein Freund"
- bestimmter Artikel im Plural plus Adjektiv oder Substantiv: les amis – [lezami] – „die Freunde"
- Verben in der 3. Person plus Personalpronomen: est-il – [ɛt il] – „ist er?"
- Adjektiv vor Substantiv.

Grundsätzlich kann außer vor Satzzeichen immer Liaison gemacht werden, aber nicht nach Infinitiven auf *-er* und wohl auch nicht nach Standesbezeichnungen auf *-er*.

Vokal am Ende eines Wortes

Auch ein *e* am Wortende ist zumeist stumm. Der in der Schrift davor stehende Konsonant ist zu artikulieren.

- *haute* – [ot] – „hoch" (weibliche Form, Singular)
- *verte*s – [vɛʁt] – „grün" (weibliche Form, Plural)

Die Apostrophierung (s. u.) ist ein durchaus ähnlicher Vorgang, erscheint aber im Schriftbild; beim weiblichen Artikel kann dort auch ein *a* ausfallen. Wo ein *h aspiré* die Apostrophierung verhindert, kann das *e* auch in der Aussprache nicht ausfallen, zumindest in der Hochsprache:

- *le hasard* – [ləazaʁ] – „der Zufall"

Konsonanten

Bei den seltenen Konsonantenhäufungen ist oftmals auch der eine oder andere Buchstabe nur noch ein stummes Überbleibsel der Etymologie, weil er dem Wohlklang im Wege stand:

- *le doigt* – [ləˈdwa] – *der Finger, die Zehe*
- *les doigts* – [leˈdwa] – *die Finger, die Zehen*

Bisweilen aber tauchen stumme Konsonanten am Wortende in der Aussprache wieder auf, wenn das folgende Wort mit einem Vokal beginnt. Es wird dann eine so genannte Liaison vorgenommen, also beide Wörter werden zusammenhängend ausgesprochen.

- *vous* – [vu] – *ihr/Sie*
- *vous êtes* – [vuˈzɛːt] – *ihr seid/Sie sind*

Da das *h* im Französischen nicht gesprochen wird, wird also auch bei vielen Wörtern, die mit *h* beginnen, eine Liaison vorgenommen.

- *deux* – [dø] – *zwei*
- *deux heures* – [døˈzœʁ] – *zwei Uhr/zwei Stunden*

Jedoch wird nicht immer eine Liaison durchgeführt. In manchen Fällen ist beides möglich.

Zudem gibt es eine ganze Reihe von Wörtern, die mit einem „aspirierten (gehauchten) h" *(h aspiré)* beginnen. Dieses *h* bleibt zwar ebenso stumm, aber durch seine Existenz wird gewissermaßen die Autonomie des Wortes bewahrt, also keine Liaison vorgenommen.

- *haricot* – [aʁiˈko] – *die Bohne*
- *deux haricots* – [døaʁiˈko] – *zwei Bohnen*

Faustregeln

Zur Aussprache gewisser Buchstaben bzw. Buchstabengruppen lassen sich zumeist schnell Regeln finden, die auch in den meisten Fällen Gültigkeit haben.

Buchstabe(n)	Aussprache	Bemerkungen
à	[a]	nur in: *à* „an usw." (dagegen *a* „hat"), *là* „dort" (dagegen *la* „die"), davon abgeleitet *voilà*, und im seltenen *çà* „da" (dagegen *ça* „das").
æ	[ɛ], [e]	kommt nur in lateinischen Fremdwörtern vor
ai	[ɛ]	gilt nicht, wenn das „i" zur Buchstabengruppe „ill" gehört. Hochsprachlich ausnahmsweise [e] in *j'ai* „ich habe" Ind. (dagegen *j'aie* „ich habe" Subj.) und den Formen des Passé simple (*je donnai* „ich gab", dagegen *je donnais* „ich gab" Impf.) und Futur simple (*je ferai* „ich werde tun", dagegen *je ferais* „ich würde tun").
an	[ã]	wenn Nasalierung (siehe dazu Bemerkungen oben)
c	[s] oder [k]	[s] vor „e", „i" und „y", auch mit diakritischen Zeichen, sonst [k]
ç	[s]	nur vor „a", „o" und „u", auch mit diakritischen Zeichen
ch	[ʃ]	[k] vor „r", sonst in wenigen Ausnahmen (z. B. *charisme*)
e	[ə], [ɛ] und [e]	Ausfall von [ə] siehe oben. [ɛ] vor mehreren Konsonanten, x oder einem schließenden Konsonanten, auch wenn dieser stumm ist, mit Ausnahme von -s und im Verbplural -nt. [e] vor stummem „r", stummem „z" und in *mes, tes, ses, des, les, ces* und *et*. Ausnahme: *femme* [fam] „Frau".
é	[e]	[ɛ] die Ausnahme z. B. in *médecin* und dem zweiten in *événement*
è, ê	[ɛ]	
(e)au	[o]	statt sonst üblichem „s" folgt hier eher ebenso stummes „x"

en	[ɛ̃] neben [ã]	wenn Nasalierung. Diese unterbleibt auch in den finiten Verbformen auf „-ent". Obwohl zumeist mit dem Laut [ɛ̃] assoziiert, kommt dieser nur in betonter Stellung vor; ansonsten und auch beim Wort «en» und der betonten Endung -ent(e) spricht man [ã].
eu	meistens [ø] (neben [œ])	außer [y] bei *eu* „gehabt". Für *gageure* (seit der Rechtschreibreform 1990 auch *gageüre* geschrieben) sagt man /gaʒyʁ/, da es sich um *gage* + „-ure" handelt. x statt s wie oben.
g	[ʒ] oder [g]	[ʒ] vor „e", „i" und „y", auch mit diakritischen Zeichen, sonst [g]. Bei Konjugation, und in *gageure* s. o., kann daher lautloses (nicht nur verstummtes) „e" eintreten: *nous mangeons* von *manger*.
gu	[g]	nur vor „e" und „i", auch mit diakritischen Zeichen, auch vor „a", „o" und „u" bei konjugierten Verbformen, z. B.: *nous conjuguâmes, nous conjuguons*. Sofern das *u* selber gesprochen wird [ɥ], wird es mit einem Trema (ü) versehen.
(a)in	[ɛ̃]	wenn Nasalierung.
ill	nach Vokalen [j] anderswo [ij], selten [il]	„ill" wird nach Vokalen als /j/ gesprochen (z. B. *canaille, nouille*). Anderswo wird „ill" meistens als /ij/ gesprochen (bei *fille, bille, grillage*). Nach Wörtern, die im Lateinischen mit „-ill-" geschrieben wurden, wird /il/ gesprochen (bei *ville, villa, mille, million*).
j	[ʒ]	
o	[ɔ]	
ô	[o]	
on	[ɔ̃]	wenn Nasalierung.
œ	[œ], [e]	
œu	meistens [œ] (neben [ø])	„x" statt „s" wie bei *eu*. Spezialaussprache *(un) oeuf* [œf], *(deux) oeufs* [ø]
oi	[wa], [wɑ]	gilt nicht, wenn das „i" zur Buchstabengruppe „ill" gehört
ou	[u], [w]	letzteres ein engl. „w", und zwar vor Vokalen (hauptsächlich am Wortanfang)
où	[u]	nur in *où* „wo".
ph	[f]	
q(u)	[k]	In wenigen Wörtern wird *qu* wie [kw] gesprochen (*aquarium*)
r	[ʁ]	näher am deutschen „ch" in ‚Bach' als an allen anderen deutschen Weisen,

			ein „r" zu sprechen.
s	[s], [z]		Letzteres das weiche „s". Am Wortanfang scharfes „s", bei Liaison immer weich (Bedeutungsunterschied *ils sont* [ilsɔ̃] „sie sind", *ils ont* [ilzɔ̃] „sie haben"). Sonst Unterschied wie in der deutschen Hochlautung.
u	[y], [ɥ]		letzteres wie „w", doch mit „ü" statt mit u-Laut gebildet.
un	[œ̃]		wenn Nasalierung. Aussprache variiert zu [ɛ̃].
v	[v]		also deutsches „w"
w	[w] oder [v]		selten
x	[gz] oder [ks]		Liaisons-X ist wie „s" auszusprechen.
y	[i] oder [j]		der vorgehende Vokal wird meist wie ein mit „-i" gebildeter Diphthong ausgesprochen. Bei *ay* betrifft dies aber nur die häufig vorkommenden Wörter, nämlich *pays* [pɛi] „Land" und die Verben auf *-ayer*. Niemals deutsches „ü" sprechen.
z	[z]		
Vokal + *m*	Nasalvokal		wie bei +*n*.

Die Apostrophierung

Französisch erhält seinen Klang nicht nur durch den Wegfall der Aussprache (Elision) „unnötiger" Konsonanten, sondern auch durch das Auslassen von Vokalen, vor allem des [ə], damit es zu keiner Häufung (Hiat) kommt; siehe oben. In bestimmten grammatischen Gegebenheiten wird dies auch von der Rechtschreibung nachvollzogen und durch einen Apostroph gekennzeichnet.

- *ce* [sə] „es" (vor dunklen Vokalen mit Cedille: *ç'*). Vor allem *c'est* [sɛ] „es ist", *c'était* [setɛ] „es war", *Qu'est-ce que c'est?* [kɛskəˈsɛ] „Was ist das?"
- *que* [kə] „was, wie, das(s)" Statt durchaus üblichem *qu'on* „dass man" gilt *que l'on* als vornehmer.
- *je* [ʒə] „ich" vor Verbformen und den Pronomen *y* und *en*. Beispiel: *j'ai* [ʒe] „ich habe", *J'en ai marre.* [ʒɑ̃neˈmaʁ] „Ich habe das satt!"
- *me* [mə] „mich"
- *te* [tə] „dich" Beispiel *Je t'aime.* [ʒəˈtɛm] „Ich liebe dich."
- *se* [sə] „sich"
- *ne* [nə] ist die Verneinungspartikel (wird in der Umgangssprache oft weggelassen). Beispiel: *Je n'habite pas en France* [ʒənabitˈpɑ(z)ɑ̃fʁɑ̃s] „Ich wohne nicht in Frankreich." Dem deutschen *nicht* entspricht hier übrigens frz. *pas*, nicht etwa *ne*.

Außer [ə] wird in jeweils einem Fall auch [a] bzw. [i] weggelassen:

- *la* [la] „die" (femininer Artikel), z. B. *l'huile* „das Öl" (mit *h* muet!)

- *si* [si] „falls" (Konjunktion), nur in *s'il* „falls er".

In der Umgangssprache wird auch das [y] in *tu* gerne weggelassen (so bei *t'as* statt *tu as*).

Vor einem *h aspiré* (siehe oben) kann nicht gekürzt werden.

Anfänger Stufe 1A

So steuern Sie die Geschwindigkeit der Audiodateien

Das Buch ist mit den Audiodateien ausgestattet. Die Adresse der Homepage des Buches, wo Audiodateien zum Anhören und Herunterladen verfügbar sind, ist am Anfang des Buches auf der bibliographischen Beschreibung vor dem Copyright-Hinweis aufgeführt.

Wir empfehlen Ihnen, den kostenlosen VLC-Mediaplayer zu verwenden, die Software, die zur Steuerung der Wiedergabegeschwindigkeit aller Audioformate verwendet werden kann. Die Steuerung der Geschwindigkeit ist auch einfach und erfordert nur wenige Klicks oder Tastatureingaben.

Android: Nach der Installation vom VLC Media Player klicken Sie auf die Audiodatei am Anfang eines Kapitels oder auf der Homepage des Buches, wenn Sie ein Papierbuch lesen. Wählen Sie "Open with VLC". Wenn Sie Schwierigkeiten beim Öffnen von Audiodateien mit VLC haben, ändern Sie die Standard-App für den Musik-Player. Gehen Sie zu Einstellungen→Apps, wählen Sie VLC und klicken Sie auf "Open by default" oder "Set default".

Kindle Fire: Nach der Installation vom VLC Media Player klicken Sie auf eine Audiodatei am Anfang eines Kapitels oder auf der Homepage des Buches, wenn Sie ein Papierbuch lesen. Wählen Sie "Complete action using →VLC".

iOS: Nach der Installation vom VLC Media Player kopieren Sie den Link zu der Audiodatei am Anfang eines Kapitels oder auf der Homepage des Buches, wenn Sie ein Papierbuch lesen, und fügen Sie ihn in den Download-Bereich des VLC Media Players ein. Nachdem der Download abgeschlossen ist, gehen Sie zu "Alle Dateien" und starten Sie die Audiodatei.

Windows: Starten Sie den VLC Media Player und klicken Sie auf die Audiodatei am Anfang eines Kapitels oder auf der Homepage des Buches, wenn Sie ein Papierbuch lesen. Gehen Sie nun in die Wiedergabe (Playback) und navigieren Sie die Geschwindigkeit.

MacOS: Starten Sie den VLC Media Player und klicken Sie auf die Audiodatei am Anfang eines Kapitels oder auf der Homepage des Buches, wenn Sie ein Papierbuch lesen. Nun, navigieren Sie zum Playback und öffnen die Optionen von Geschwindigkeit. Navigieren Sie die Geschwindigkeit.

1

Robert a un chien

Robert hat einen Hund

A

Mots

Vokabeln

1. a - er/sie/es hat; Il a un livre. - Er hat ein Buch.
2. aussi, également - auch
3. avoir - haben
4. beaucoup - viel
5. bleu (M), bleue (F) - blau
6. cahier, un; calepin, un - das Notizbuch; cahiers, des - die Notizbücher
7. ce (M), cette (F), ça (N) - jener, jene, jenes
8. ce, cet (+noun) - dieser, diese, dieses ; ce livre - dieses Buch / ceci (+verb)
9. ces - diese
10. ces - jene (pl.)

11. chambre, une; pièce, une; espace, un - das Zimmer ; chambres, pièces - die Zimmer

12. chat, un- die Katze

13. chien, un - der Hund

14. et - und

15. étoile, une - der Stern

16. étudiant, un; étudiant, étudiante (adj) - der Student ; étudiants (M), étudiantes (F) - die Studenten

17. fenêtres - die Fenster ; fenêtre, une - das Fenster

18. grand (M), grande (F); gros (M), grosse (F) - groß

19. hôtel, un – das Hotel; hôtels - die Hotels

20. il – er ; ils (M), elles (F) - sie

21. J'ai - ich habe, nous avons - wir haben, tu as / vous avez - du hast / ihr habt, il a - er / es hat, elle a - sie hat, ils ont - sie haben

22. je - ich

23. joli, beau (M); jolie, belle (F) - schön

24. lits - die Betten; lit, un - das Bett

25. livre, un - das Buch

26. magasin, un - der Laden ; magasins - die Läden

27. mon (M), ma (F), mes (PL) - mein, meine, mein

28. vélo, un - das Fahrrad

29. mots - die Wörter, die Vokabeln ; mot, un - das Wort, die Vokabel

30. museau, un; nez, un - die Nase

31. noir - schwarz

32. nouveau, récent (M), nouvelle, récente (F); nouveaux, nouvelles, récents, récentes (PL) - neu

33. œil, un - das Auge ; yeux,des - eyes die Augen

34. parc, un - der Park ; parcs - die Parks

35. pas - nicht

36. petit (M), petite (F) - klein

37. quatre - vier

38. rêve, un - der Traum

39. rue, une - die Straße ; rues - die Straßen

40. son (+m), sa (+f) - sein, seine; son lit - sein Bett

41. crayon, un – der Stift ; crayons - die Stifte

42. table, une - der Tisch ; tables - die Tische

43. texte, un - der Text

44. un (M), une (F) - ein

45. vert (M), verte (F) - grün

Robert a un chien

1.Cet étudiant a un livre. 2.Il a aussi un crayon.

3.Il y a beaucoup de rues et de parcs à Bordeaux. 4.Il y a beaucoup de nouveaux hôtels et de magasins dans cette rue.

5.Cet hôtel a quatre étoiles. 6.Il y a beaucoup de belles grandes chambres dans cet hôtel.

7.Il y a beaucoup de fenêtres dans cette chambre. 8.Et il n'y a pas beaucoup de fenêtres

Robert hat einen Hund

1.Dieser Student hat ein Buch. 2.Er hat auch einen Stift.

3.Bordeaux hat viele Straßen und Parks. 4.Diese Straße hat neue Hotels und Läden.

5.Dieses Hotel hat vier Sterne. 6.Dieses Hotel hat viele schöne, große Zimmer.

7.Jenes Zimmer hat viele Fenster. 8.Und diese Zimmer haben nicht viele Fenster. 9.Diese

dans ces chambres. 9.Ces chambres ont quatre lits. 10.Et ces chambres ont un lit. 11.Il n'y a pas beaucoup de tables dans cette chambre. 12.Et il y a beaucoup de grandes tables dans ces chambres.

13.Il n'y a pas beaucoup d'hôtels dans cette rue. 14.Il y a beaucoup de fenêtres dans ce grand magasin.

15.Ces étudiants ont des cahiers. 16.Ils ont aussi des crayons. 17.Robert a un petit cahier noir. 18.André a quatre nouveaux cahiers verts.

19.Cet étudiant a un vélo. 20.Il a un nouveau vélo bleu. 21.André a aussi un vélo. 22.Il a un joli vélo noir.

23.André a un rêve. 24.J'ai aussi un rêve. 25.Je n'ai pas de chien. 26.J'ai un chat. 27.Mon chat a des jolis yeux verts. 28.Robert n'a pas de chat. 29.Il a un chien. 30.Son chien a un petit museau noir.

Zimmer haben vier Betten. 10.Und diese Zimmer haben ein Bett. 11.Jenes Zimmer hat nicht viele Tische. 12.Und diese Zimmer haben viele große Tische.

13.In dieser Straße sind keine Hotels. 14.Dieser große Laden hat viele Fenster.

15.Diese Studenten haben Notizbücher. 16.Sie haben auch Stifte. 17.Robert hat ein kleines schwarzes Notizbuch. 18.André hat vier neue grüne Notizbücher.

19.Dieser Student hat ein Fahrrad. 20.Er hat ein neues blaues Fahrrad. 21.André hat auch ein Fahrrad. 22.Er hat ein schönes schwarzes Fahrrad.

23.André hat einen Traum. 24.Ich habe auch einen Traum. 25.Ich habe keinen Hund. 26.Ich habe eine Katze. 27.Meine Katze hat schöne grüne Augen. 28.Robert hat keine Katze. 29.Er hat einen Hund. 30.Sein Hund hat eine kleine schwarze Nase.

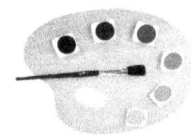

2

Ils vivent à Bordeaux

Sie wohnen in Bordeaux

 A

Mots

Vokabeln

1. acheter - kaufen
2. dans, à, en - in
3. dans/à/en, sur, à/chez - in, auf
4. de, des, d', de la part - aus
5. deux - zwei
6. elle - sie
7. est, se trouve - ist, befindet sich
8. faim - hungrig
9. frère, un - der Bruder
10. grand (m), grande (f) - groß
11. maintenant, en ce moment - jetzt, zurzeit, gerade
12. mère, une - die Mutter
13. nous - wir
14. Russe (noun) ; russe (adj) - Russe (m), Russin (f); russisch
15. Russie, la - Russland
16. sandwich, un - das Sandwich
17. sœur, une - die Schwester
18. supermarché, un - der Supermarkt
19. tu, vous, toi - du, Sie, ihr
20. ville, une - die Stadt
21. vivre, habitent - leben, wohnen

B

| **Ils vivent à Bordeaux** | *Sie wohnen in Bordeaux* |

1.Bordeaux est une grande ville. 2.Bordeaux est en France.

3.Voici Robert. 4.Robert est étudiant. 5.Maintenant, il est à Bordeaux. 6.Robert vient d'Allemagne. 7.Il est allemand. 8.Robert a une mère, un père, un frère et une sœur. 9.Ils habitent en Allemagne.

10.Voici André. 11.André est aussi étudiant. 12.Il vient de Russie. 13.Il est Russe. 14.André a une mère, un père et deux sœurs. 15.Ils vivent en Russie.

16.Maintenant, Robert et André sont dans un supermarché. 17.Ils ont faim. 18.Ils achètent des sandwichs.

19.Voici Louise. 20.Louise est française. 21.Louise habite aussi à Bordeaux. 22.Elle n'est pas étudiante.

23.Je suis étudiant. 24.Je viens d'Allemagne. 25.Maintenant, je suis à Bordeaux. 26.Je n'ai pas faim.

27.Tu es étudiant. 28.Tu es allemand. 29.En ce moment, tu n'es pas en Allemagne. 30.Tu es en France.

31.Nous sommes étudiants. 32.En ce moment, nous sommes en France.

33.Ceci est un vélo. 34.Ce vélo est bleu. 35.Ce vélo n'est pas neuf.

36.Ceci est un chien. 37.Le chien est noir. 38.Le chien n'est pas grand.

39.Ce sont des magasins. 40.Les magasins ne sont pas grands. 41.Ils sont petits. 42.Ce magasin a beaucoup de fenêtres. 43.Ces magasins n'ont pas beaucoup de fenêtres.

44.Ce chat est dans la chambre. 45.Ces chats ne sont pas dans la chambre.

1.Bordeaux ist eine große Stadt. 2.Bordeaux ist in Frankreich.

3.Das ist Robert. 4.Robert ist Student. 5.Er ist zurzeit in Bordeaux. 6.Robert kommt aus Deutschland. 7.Er ist Deutscher. 8.Robert hat eine Mutter, einen Vater, einen Bruder und eine Schwester. 9.Sie leben in Deutschland.

10.Das ist André. 11.André ist auch Student. 12.Er kommt aus Russland. 13.Er ist Russe. 14.André hat eine Mutter, einen Vater und zwei Schwestern. 15.Sie leben in Russland.

16.Robert und André sind gerade im Supermarkt. 17.Sie haben Hunger. 18.Sie kaufen sandwiches.

19.Das ist Louise. 20.Louise ist Französin. 21.Louise wohnt auch in Bordeaux. 22.Sie ist kein Student.

23.Ich bin Student. 24.Ich komme aus Deutschland. 25.Ich bin zurzeit in Bordeaux. 26.Ich habe keinen Hunger.

27.Du bist Student. 28.Du bist Deutsche. 29.Du bist zurzeit nicht in Deutschland. 30.Du bist in Frankreich.

31.Wir sind Studenten. 32.Wir sind zurzeit in Frankreich.

33.Dies ist ein Fahrrad. 34.Das Fahrrad ist blau. 35.Das Fahrrad ist nicht neu.

36.Dies ist ein Hund. 37.Der Hund ist schwarz. 38.Der Hund ist nicht groß.

39.Dies sind Läden. 40.Die Läden sind nicht groß. 41.Sie sind klein. 42.Dieser Laden hat viele Fenster. 43.Jene Läden haben nicht viele Fenster.

44.Die Katze ist im Zimmer. 45.Diese Katzen sind nicht im Zimmer.

3

Sont-ils Français?

Sind sie Franzosen?

 A

Mots

Vokabeln

1. à, chez - am, beim
2. animal, un; animaux, des (pl) - das Tier
3. café, un - das Café
4. carte, une; plan, un - die Karte
5. combien - wie viel
6. comment - wie
7. femme, une - die Frau
8. garçon, un; gars, un; type, un - der June
9. homme, un - der Mann
10. il (M), elle (F), ce/cela/ça (N) - er, sie, es
11. jeune garçon, un - der Junge
12. lecteur CD - der CD-Spieler
13. maison, une - das Haus
14. non, aucun, pas de - nein
15. notre (+sing), nos (+pl) - unser

16. où - wo
17. oui - ja
18. son (+ m), sa (+ f), ses (+pl) - sein, ihr, ihr; son livre - sein Buch
19. sur - auf
20. tout, toute, tous, toutes - alle
21. tu, vous, toi - du / ihr
22. vieux (M), vieille (F) - alt

Sont-ils Français?

1

- Je suis un garçon. Je suis dans la chambre.
- Es-tu américain?
- Non, je ne le suis pas. Je suis français.
- Es-tu étudiant?
- Oui, je le suis. Je suis étudiant.

2

- C' est une femme. La femme est aussi dans la chambre.
- Est-elle américaine ?
- Non, elle ne l'est pas. Elle est française.
- Est-elle étudiante?
- Non, elle ne l'est pas. Elle n'est pas étudiante.

3

- C'est un homme. Il est à la table.
- Est-il français?
- Oui, il l'est. Il est français.

4

- Ils sont étudiants. Ils sont dans le parc.
- Sont-ils tous français?
- Non, ils ne le sont pas. Ils sont français, russes et américains.

5

- Ceci est une table. Elle est grande.
- Est-elle neuve?

Sind sie Franzosen?

1

- *Ich bin ein Junge. Ich bin im Zimmer.*
- *Bist du Amerikaner?*
- *Nein, ich bin nicht Amerikaner. Ich bin Franzose.*
- *Bist du Student?*
- *Ja, ich bin Student.*

2

- *Das ist eine Frau. Die Frau ist auch im Zimmer.*
- *Ist sie Amerikanerin?*
- *Nein, sie ist nicht Amerikanerin. Sie ist Französin.*
- *Ist sie Studentin?*
- *Nein, sie ist nicht Studentin.*

3

- *Das ist ein Mann. Er sitzt am Tisch.*
- *Ist er Franzose?*
- *Ja, er ist Franzose.*

4

- *Das sind Studenten. Sie sind im Park.*
- *Sind sie alle Franzosen?*
- *Nein, sie sind nicht alle Franzose. Sie kommen aus Frankreich, Russland und Amerika.*

5

- *Das ist ein Tisch. Er ist groß.*
- *Ist er neu?*

- Oui, elle l'est. Elle est neuve.

6

- C'est un chat. Il est dans la chambre.
- Est-il noir?
- Oui, il l'est. Il est noir et joli.

7

- Ce sont des vélos. Ils sont à la maison.
- Sont-ils noirs?
- Oui, ils le sont. Ils sont noirs.

8

- As-tu un cahier?
- Oui, j'en ai un.
- Combien de cahiers as-tu?
- J'ai deux cahiers.

9

- A-t-il un crayon ?
- Oui, il en a un.
- Combien de crayons a-t-il?
- Il a un crayon.

10

- A-t-elle un vélo ?
- Oui, elle en a un.
- Son vélo est-il bleu ??
- Non, il ne l'est pas. Son vélo n'est pas bleu. Il est vert.

11

- As-tu un livre anglais?
- Non, je n'en ai pas. Je n'ai pas de livre anglais. Je n'ai pas de livre.

12

- A-t-elle un chat?
- Non, elle n'en a pas. Elle n'a pas de chat. Elle n'a pas d'animal.

- *Ja, er ist neu.*

6

- *Das ist eine Katze. Sie ist im Zimmer.*
- *Ist sie schwarz?*
- *Ja, das ist sie. Sie ist schwarz und schön.*

7

- *Das sind Fahrräder. Sie stehen beim Haus.*
- *Sind sie schwarz?*
- *Ja, sie sind schwarz.*

8

- *Hast du ein Notizbuch?*
- *Ja.*
- *Wie viele Notizbücher hast du?*
- *Ich habe zwei Notizbücher.*

9

- *Hat er einen Stift?*
- *Ja.*
- *Wie viele Stifte hat er?*
- *Er hat einen Stift.*

10

- *Hat sie ein Fahrrad?*
- *Ja.*
- *Ist ihr Fahrrad blau?*
- *Nein, es ist nicht blau. Es ist grün.*

11

- *Hast du ein englisches Buch?*
- *Nein, ich habe kein englisches Buch. Ich habe keine Bücher.*

12

- *Hat sie eine Katze?*
- *Nein, sie hat keine Katze. Sie hat kein Tier.*

13

- Avez-vous un lecteur CD?
- Non, nous n'en avons pas. Nous n'avons pas de lecteur CD.

14

- Où est notre carte?
- Notre carte est dans la chambre.
- Est-elle sur la table?
- Oui, elle l'est.

15

- Où sont les garçons?
- Ils sont au café.
- Où sont les vélos ?
- Ils sont devant le café.
- Où est André?
- Il est aussi au café.

13

- *Habt ihr einen CD-Spieler?*
- *Nein, wir haben keinen CD-Spieler.*

14

- *Wo ist unsere Karte?*
- *Unsere Karte ist im Zimmer.*
- *Liegt sie auf dem Tisch?*
- *Ja, sie liegt auf dem Tisch.*

15

- *Wo sind die Jungs?*
- *Sie sind im Cafè.*
- *Wo sind die Fahrräder?*
- *Sie stehen vor dem Cafè.*
- *Wo ist André?*
- *Er ist auch im Cafè.*

4

Pourriez-vous m'aider, s'il vous plaît?

Können Sie mir bitte helfen?

A

Mots

Vokabeln

1. à, au, vers - zu; Je vais à la banque. - Ich gehe zur Bank.
2. adresse, une - die Adresse
3. aide, une - die Hilfe; aider - helfen
4. aller - gehen, fahren; partir, s'en aller - weg gehen
5. apprendre - lernen
6. apprendre à faire quelque chose - lernen etwas

7. avoir besoin, devoir - brauchen
8. banque, une - die Bank
9. devoir - müssen; Je dois partir. - Ich muss gehen. 2. devoir: je, tu ne dois pas / il ne doit pas / Nous ne devons pas / Vous ne devez pas / Ils ne doivent pas - nicht dürfen
10. donner - geben
11. écrire - schreiben

12. jouer - spielen
13. lire - lesen
14. mais - aber
15. moi, à moi - mir
16. ou - oder
17. parler - sprechen
18. peut, peut-être, pourrait - dürfen, können; Puis-je vous aider? - Kann ich Ihnen helfen?
19. peut-être - wahrscheinlich, können; Je vais (peut-être) aller à la banque. - Ich kann zur Bank gehen.
20. placer, mettre - legen; place, une, lieu(x), un, endroit, un - der Platz
21. pour, pendant - für
22. prendre - nehmen
23. remercier - danken; Je vous remercie. - Danke. Merci - Danke.
24. s'asseoir - sich setzen; asseoir - sitzen
25. savoir, être capable de, pouvoir - können; Je sais lire. - Ich kann lesen.
26. s'il vous plaît (formal), s'il te plaît (informal) - bitte
27. son, sa, ses - *ersetzt alle Possessivpronomen (Singular und Plural), wenn das Subjekt im Satz der Besitzer des Objektes ist*
28. travail - Arbeit; travailler - arbeiten

B

Pourriez-vous m'aider, s'il vous plaît?

1

- Pourriez-vous m'aider s'il vous plaît?
- Oui, je le peux.
- Je ne sais pas écrire l'adresse en français. Pourriez-vous me l'écrire?
- Oui, je le peux.
- Je vous remercie.

2

- Sais-tu jouer au tennis?
- Non, je ne sais pas y jouer. Mais je peux apprendre. Pourrais-tu m'aider ??
- Oui, je le peux. Je peux t'apprendre à jouer au tennis.
- Je vous remercie.

3

- Parles-tu français ?
- Je sais parler et lire le français mais je ne sais

Können Sie mir bitte helfen?

1

- *Können Sie mir bitte helfen?*
- *Ja, das kann ich.*
- *Ich kann die Adresse nicht auf Französisch schreiben. Können Sie sie für mich schreiben?*
- *Ja, das kann ich.*
- *Danke.*

2

- *Kannst du Tennis spielen?*
- *Nein. Aber ich kann es lernen. Kannst du mir dabei helfen?*
- *Ja, ich kann dir helfen, Tennis spielen zu lernen.*
- *Danke.*

3

- *Sprichst du Französisch?*
- *Ich kann Französisch sprechen und lesen, aber*

pas l'écrire.

- Parles-tu l'allemand?
- Je sais parler, lire et écrire l'allemand.

4

- Louise sait-elle parler anglais?
- Non. Elle est française.

5

- Savent-ils parler français?
- Oui, ils savent un peu le parler. Ils sont étudiants et ils apprennent le français.
- Mais ce garçon ne sait pas parler français.

6

- Où sont-ils?
- Ils sont en train de jouer au tennis.
- Peut-on y jouer aussi?
- Oui, nous pouvons y jouer.

7

- Où est Robert?
- Il est peut-être au café.

8

- Asseyez-vous à cette table, s'il vous plaît.
- Je vous remercie. Puis-je mettre mes livres sur cette table?
- Oui, vous pouvez.

9

- André peut-il s'asseoir à sa table?
- Oui, il le peut.

10

- Puis-je m'asseoir sur son lit?
- Non, vous ne pouvez pas.
- Louise peut-elle prendre son lecteur CD?
- Non. Elle ne peut pas prendre son lecteur CD.
- Peuvent-ils prendre leur carte?

nicht schreiben.

- *Sprichst du Deutsch?*
- *Ich kann Deutsch sprechen, lesen und schreiben.*

4

- *Kann Louise auch Englisch?*
- *Nein. Sie ist Französin.*

5

- *Sprechen sie Französisch?*
- *Ja, ein bisschen. Sie sind Studenten und lernen Französisch.*
- *Aber dieser Junge spricht kein Französisch.*

6

- *Wo sind sie?*
- *Sie spielen gerade Tennis.*
- *Können wir auch spielen?*
- *Ja, das können wir.*

7

- *Wo ist Robert?*
- *Er ist vielleicht im Cafè.*

8

- *Setzen Sie sich an diesen Tisch, bitte.*
- *Danke. Kann ich meine Bücher auf diesen Tisch legen?*
- *Ja.*

9

- *Darf André sich an seinen Tisch setzen?*
- *Ja, das darf er.*

10

- *Darf ich mich auf ihr Bett setzen?*
- *Nein, das darfst du nicht.*
- *Darf Louise seinen CD-Spieler nehmen?*
- *Nein, sie darf seinen CD-Spieler nicht nehmen.*
- *Dürfen sie ihre Karte nehmen?*

- Non, ils ne le peuvent pas.

11

- Tu ne dois pas t'asseoir sur son lit.
- Elle ne doit pas prendre son lecteur CD.
- Ils ne doivent pas prendre leurs cahiers.

12

- Je dois aller à la banque.
- Dois-tu partir maintenant?
- Oui.

13

- Dois-tu apprendre l'anglais?
- Je n'ai pas besoin d'apprendre l'anglais. Je dois apprendre le français.

14

- Doit-elle aller à la banque?
- Non. Elle ne doit pas aller à la banque.

15

- Puis-je prendre ce vélo ?
- Non, tu ne peux pas prendre ce vélo.
- Pouvons-nous mettre ces cahiers sur son lit?
- Non. vous ne pouvez pas mettre ces cahiers sur son lit.

- *Nein, das dürfen sie nicht.*

11

- *Du darfst dich nicht auf ihr Bett setzen.*
- *Sie darf seinen CD-Spieler nicht nehmen.*
- *Sie dürfen diese Notizbücher nicht nehmen.*

12

- *Ich muss zur Bank gehen.*
- *Musst du jetzt gehen?*
- *Ja.*

13

- *Musst du Englisch lernen?*
- *Ich muss nicht Englisch lernen. Ich muss Französisch lernen.*

14

- *Muss sie zur Bank gehen?*
- *Nein, sie muss nicht zur Bank gehen.*

15

- *Darf ich dieses Fahrrad nehmen?*
- *Nein, du darfst dieses Fahrrad nicht nehmen.*
- *Dürfen wir diese Notizbücher auf ihr Bett legen?*
- *Nein, ihr dürft die Notizbücher nicht auf ihr Bett legen.*

5

Robert habite en France maintenant

Robert wohnt jetzt in Frankreich

 A

Mots

Vokabeln

1. aller - gehen
2. apprécier/bien aimer, aimer - mögen, lieben
3. avoir besoin, devoir - brauchen
4. bien, bon - gut
5. boire - trinken
6. bon (M), bonne (F) / bien - gut
7. certains du, de la, des, de l' - ein paar
8. chaise, une - der Stuhl
9. cinq - fünf
10. du, de la, de l', des; aucun; n'importe quel; tout - irgendein
11. écouter - hören; J'écoute de la musique. - Ich höre Musik.
12. ferme, une - der Bauernhof
13. fille, une - das Mädchen
14. gens, les - die Menschen

15. huit - acht
16. ici, là, y - dort (Platz)
17. journal, un - die Zeitung
18. manger - essen
19. meubles, les - die Möbel
20. musique, la - die Musik
21. par-là, là-bas - dorthin (Richtung)
22. petit-déjeuner, un - das Frühstück; prendre le petit déjeuner - frühstücken

23. sept - sieben
24. si- ob
25. six - sechs
26. place, une - der Platz
27. thé, un / du - der Tee
28. trois - drei
29. vouloir - wollen

B

Robert habite en France maintenant

1

Louise lit bien le français. Je lis le français aussi. Les étudiants vont au parc. Elle va aussi au parc.

2

Nous habitons à Bordeaux. En ce moment, André habite aussi à Bordeaux. Son père et sa mère habitent en Russie. En ce moment, Robert habite en France. Son père et sa mère habitent en Allemagne.

3

Les étudiants jouent au tennis. André joue bien. Robert ne joue pas bien.

4

Nous buvons du thé. Louise boit du thé vert. André boit du thé noir. Je bois aussi du thé noir.

5

J'écoute de la musique. Julie écoute aussi de la musique. Elle aime écouter de la bonne musique.

6

J'ai besoin de six cahiers. André a besoin de sept cahiers. Louise a besoin de huit cahiers.

Robert wohnt jetzt in France

1

Louise liest gut Französisch. Ich lese auch Französisch. Die Studenten gehen in den Park. Sie geht auch in den Park.

2

Wir wohnen in Bordeaux. André wohnt jetzt auch in Bordeaux. Sein Vater und seine Mutter leben in Russland. Robert wohnt jetzt in Frankreich. Sein Vater und seine Mutter leben in Deutschland.

3

Die Studenten spielen Tennis. André spielt gut. Robert spielt nicht gut.

4

Wir trinken Tee. Louise trinkt grünen Tee. André trinkt schwarzen Tee. Ich trinke auch schwarzen Tee.

5

Ich höre Musik. Julie hört auch Musik. Sie hört gerne gute Musik.

6

Ich brauche sechs Notizbücher. André braucht sieben Notizbücher. Louise braucht acht Notizbücher.

7

Julie veut boire quelque chose. Je veux aussi boire quelque chose. André veut manger quelque chose.

8

Il y a un journal sur la table. André le prend et lit. Il aime lire les journaux.

9

Il y a des meubles dans la pièce. Il y a six tables et six chaises ici.

10

Il y a trois filles dans la pièce. Elles prennent le petit-déjeuner.

11

Julie mange du pain et boit du thé. Elle aime le thé vert.

12

Il y a des livres sur la table. Ils ne sont pas neufs. Ils sont vieux.

13

- Y a-t-il une banque dans cette rue?

- Oui, il y en a. Il y a cinq banques dans cette rue. Les banques ne sont pas grandes.

14

- Y a-t-il des gens sur la place ?

- Oui, il y en a. Il y a des gens sur la place.

15

- Y a-t-il des des vélos devant la café?

- Oui, il y en a. Il y a quatre vélo devant le café. Ils ne sont pas neufs.

16

- Y a-t-il un hôtel dans cette rue?

- Non, il n'y en a pas. Il n'y a pas d'hôtels dans cette rue.

17

- Y a-t-il des grands magasins dans cette rue?

7

Julie will etwas trinken. Ich will auch etwas trinken. André will etwas essen.

8

Dort liegt eine Zeitung auf dem Tisch. André nimmt sie und liest. Er liest gerne Zeitung.

9

Im Zimmer gibt es Möbel. Es gibt dort sechs Tische und sechs Stühle.

10

Es sind drei Mädchen im Zimmer. Sie frühstücken.

11

Julie isst Brot und trinkt Tee. Sie mag grünen Tee.

12

Auf dem Tisch liegen ein paar Bücher. Sie sind nicht neu. Sie sind alt.

13

- Ist in dieser Straße eine Bank?

- Ja. Es gibt fünf Banken in dieser Straße. Sie sind nicht groß.

14

- Sind Menschen auf dem Platz?

- Ja, auf dem Platz sind ein paar Menschen.

15

- Stehen Fahrräder vor dem Cafè?

- Ja, es stehen vier Fahrräder vor dem Cafè. Sie sind nicht neu.

16

- Gibt es in dieser Straße ein Hotel?

- Nein, es gibt keine Hotels in dieser Straße.

17

- Gibt es in dieser Straße große Läden?

- Non, il n'y en a pas. Il n'y a pas de grands magasins dans cette rue.

- *Nein, es gibt keine großen Läden in dieser Straße.*

18

- Y a-t-il des fermes en France?

- Oui, il y en a. Il y a beaucoup de fermes en France.

- *Gibt es in Frankreich Bauernhöfe?*

- *Ja, es gibt viele Bauernhöfe in Frankreich.*

19

- Y a-t-il des meubles dans cette chambre?

- Oui, il y en a. Ici, il y a quatre tables et quelques chaises.

- *Sind Möbel in diesem Zimmer?*

- *Ja, es sind dort vier Tische und einige Stühle.*

6

Robert a beaucoup d'amis
Robert hat viele Freunde

 A

Mots

Vokabeln

1. à André / de André - Andrés; le livre de André - Andrés Buch
2. à la mère / de la mère - der Muti (Dat)
3. agence - die Agentur
4. ami, un; amie, une - der Freund
5. aussi, également - auch
6. aux femmes / des femmes - der Frauen (Dat)
7. beaucoup de, beaucoup - viel, viele
8. café, un/du - der Kaffee
9. CD, un - die CD
10. conduire, être conduit, aller en... - fahren.
11. cuisinière, une - der Herd
12. dans, à l'intérieur de - hinein
13. dire - sagen
14. la carte de l'homme - der Plan des Mannes
15. libre, gratuit - frei
16. ordinateur, un - der Computer
17. papa, un - der Vater; à / de papa - Vatis (Dat)
18. porte, une - die Tür

19. propre - sauber; laver - putzen
20. savoir, connaître - kennen, wissen
21. sous - unter
22. travail, un; emploi, un - die Arbeit; agence d'emploi, une - die Arbeitsvermittlung
23. très - sehr
24. un peu, peu - wenig
25. venir, aller, entrer - kommen, hineingehen
26. voiture - das Auto

B

Robert a beaucoup d'amis

1

Robert a beaucoup d'amis. Les amis de Robert vont au café. Ils aiment boire du café. Les amis de Robert boivent beaucoup de café.

2

Le père de André a une voiture. La voiture du père est propre mais vieille. Le père de André conduit beaucoup. Il a un bon emploi et en ce moment, il a beaucoup de travail..

3

André a beaucoup de CD. Les CD de André sont sur son lit. Le lecteur CD de André est aussi sur son lit.

4

Robert lit les journaux français. Il y a beaucoup de journaux sur la table dans la chambre de Robert.

5

Anne a un chien et un chat. Le chat de Anne est dans la chambre sous le lit. Le chien de Anne est aussi dans la chambre.

6

Il y a un homme dans cette voiture. Cet homme a une carte. La carte de l'homme est grande. Cet homme conduit beaucoup.

7

Je suis étudiant. J'ai beaucoup de temps libre. Je vais à une agence d'emploi. J'ai besoin d'un bon travail.

Robert hat viele Freunde

1

Robert hat viele Freunde. Roberts Freunde gehen ins Café. Sie trinken gerne Kaffee. Roberts Freunde trinken viel Kaffee.

2

Andrés Vater hat ein Auto. Das Auto seines Vaters ist sauber, aber alt. Andrés Vater fährt viel Auto. Er hat eine gute Arbeit und im Moment viel zu tun.

3

André hat viele CDs. Andrés CDs liegen auf seinem Bett. Andrés CD-Spieler ist auch auf seinem Bett.

4

Robert liest französische Zeitungen. Auf dem Tisch in Roberts Zimmer liegen viele Zeitungen.

5

Anne hat eine Katze und einen Hund. Annes Katze ist im Zimmer unter dem Bett. Annes Hund ist auch im Zimmer.

6

In dem Auto ist ein Mann. Der Mann hat eine Karte. Die Karte des Mannes ist groß. Dieser Mann fährt viel Auto.

7

Ich bin Student. Ich habe viel Freizeit. Ich gehe zu einer Arbeitsvermittlung. Ich brauche einen guten Job.

8

Louise a une nouvelle cuisinière. Sa cuisinière est bien et propre. Elle prépare le petit-déjeuner à ses enfants. Anne et Bernard sont les enfants de Louise. Les enfants de Louise boivent beaucoup de thé. La mère boit un peu de café. La mère d'Anne ne connaît que quelques mots d'allemand s. Elle parle très peu allemand. Louise a un emploi. Elle a peu de temps libre.

9

Nicolas travaille à une agence d'emploi. Cette agence d'emploi est à Bordeaux. Nicolas a une voiture. La voiture de Nicolas est dans la rue. Nicolas a beaucoup de travail. Il doit aller à l'agence. Il y va en voiture.. Nicolas entre dans l'agence. Ici, il y a beaucoup d'étudiants. Ils ont besoin de travail. Le travail de Nicolas consiste à aider les étudiants.

10

Il y a une voiture devant l'hôtel. Les portes de cette voiture ne sont pas propres.

Beaucoup d'étudiants vivent dans cet hôtel. Les chambres de cet hôtel sont petites mais propres. C'est la chambre de Robert. La fenêtre de la chambre est grande et propre.

8

Louise hat einen neuen Herd. Louises Herd ist gut und sauber. Louise macht Frühstück für ihre Kinder. Anne und Bernard sind Louises Kinder. Louises Kinder trinken viel Tee. Die Mutter trinkt ein bisschen Kaffee. Annes Mutter kann nur ein paar Wörter auf Deutsch. Sie spricht sehr wenig Deutsch. Louise hat Arbeit. Sie hat wenig Freizeit.

9

Nicolas arbeitet in einer Arbeitsvermittlung. Diese Arbeitsvermittlung ist in Bordeaux. Nicolas hat ein Auto. Das Auto von Nicolas steht an der Straße. Nicolas hat viel Arbeit. Er muss in die Agentur gehen. Er fährt mit dem Auto dorthin. Nicolas kommt in die Agentur. Dort sind viele Studenten. Sie brauchen Arbeit. Die Arbeit von Nicolas ist, den Studenten zu helfen.

10

Vor dem Hotel steht ein Auto. Die Türen des Autos sind nicht sauber. In diesem Hotel wohnen viele Studenten. Die Zimmer des Hotels sind klein, aber sauber. Das ist Roberts Zimmer. Das Fenster des Zimmers ist groß und sauber.

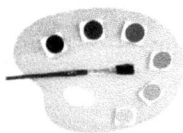

7

Bernard achète un vélo
Bernard kauft ein Fahrrad

 A

Mots

Vokabeln

1. achat, un - Einkauf
2. aimer, apprécier - gefallen; Je l'apprécie. - Sie gefällt mir.
3. aller en/conduire - gehen, fahren; aller en bus/prendre le bus - mit dem Bus fahren
4. aujourd'hui - heute
5. avec, à - mit
6. bureau, un - das Büro
7. bus, un - der Bus
8. centre, le - das Zentrum; centre-ville, le - das Stadtzentrum
9. cool, super, génial - Toll!
10. cuisine, une - die Küche
11. dimanche - Sonntag
12. ensuite, puis, après, alors - dann; après cela - danach
13. entreprise, une; firme, une - die Firma
14. faire - machen; bouilloire, une - Teemaschine

37

15. goûter, un; casse-croûte, un - der Imbiss
16. laver, nettoyer - waschen
17. machine à laver, une - die Waschmaschine
18. maison, une - das Zuhause
19. matin, le - der Morgen
20. passer du temps - Zeit verbringen
21. prendre du temps - Zeit nehmen; Cela prend cinq minutes. - Es nimmt fünf Minuten.
22. queue, la - die Schlange
23. salle de bain, une - das Bad, das Badezimmer; baignoire, une - die Badewanne; table de salle de bain, une - der Badezimmertisch
24. sport, un - der Sport; magasin de sport, un - das Sportgeschäft; vélo de sport, une - das Sportfahrrad
25. temps, le ; fois - die Zeit; le temps passe - die Zeit läuft
26. travailleur, un - der Arbeiter
27. un par un (m), une par une (f) - einer nach dem anderen
28. visage, un - das Gesicht
29. voyage, un - Fahrt

B

Bernard achète un vélo

C'est dimanche matin. Bernard va dans la salle de bain. La salle de bain n'est pas grande. Ici, il y a une baignoire, une machine à laver et une table de salle de bain. Bernard se lave le visage. Ensuite, il va dans la cuisine. Il y a une bouilloire sur la table de la cuisine. Bernard prend son petit-déjeuner. Le petit-déjeuner de Bernard n'est pas grand. Ensuite, il fait du café avec la machine à café et le boit. Aujourd'hui, il veut aller dans un magasin de sport. Bernard sort dans la rue. Il prend le bus numéro sept. Bernard met peu de temps pour aller au magasin en bus.

Bernard va au magasin de sport. Il veut acheter un nouveau vélo de sport. Il y a beaucoup de vélos de sport ici. Ils sont noirs, bleus et verts. Bernard aime les vélos bleus. Il veut en acheter un bleu. Il y a une queue dans le magasin. Bernard met beaucoup de temps pour acheter le vélo. Ensuite, il va dans la rue et part en vélo. Il va jusqu'au centre-ville. Ensuite, il va du centre-ville jusqu'au parc de la ville. C'est si agréable de rouler avec un nouveau vélo de sport!

Bernard kauft ein Fahrrad

Es ist Samstagmorgen. Bernard geht ins Bad. Das Badezimmer ist nicht groß. Dort gibt es eine Badewanne, eine Waschmaschine und einen Badezimmertisch. Bernard wäscht sich das Gesicht. Dann geht er in die Küche. Auf dem Küchentisch steht ein Teekessel. Bernard frühstückt. Bernards Frühstück ist nicht groß. Dann macht er Kaffee mit der Kaffeemaschine und trinkt ihn. Er will heute in ein Sportgeschäft. Bernard geht auf die Straße. Er nimmt den Bus 7. Bernard braucht nicht lange, um mit dem Bus zum Laden zu fahren.

Bernard geht in das Sportgeschäft. Er will sich ein neues Sportfahrrad kaufen. Es gibt viele Sportfahrräder. Sie sind schwarz, blau und grün. Bernard mag blaue Fahrräder. Er will ein blaues kaufen. Im Laden ist eine Schlange. Bernard braucht lange, um das Fahrrad zu kaufen. Dann geht er auf die Straße und fährt mit dem Fahrrad. Er fährt ins Stadtzentrum. Dann fährt er vom Zentrum in den Stadtpark. Es ist so schön, mit einem neuen Sportfahrrad zu fahren!

C'est dimanche matin mais Nicolas est dans son bureau. Il a beaucoup de travail aujourd'hui. Il y a la queue devant le bureau de Nicolas. Dans la queue, il y a beaucoup d'étudiants et de travailleurs. Ils ont besoin d'un travail. Un par un, ils entrent dans le bureau de Nicolas. Ils parlent avec Nicolas. Ensuite, il leur donne des adresses d'entreprises.

Maintenant, c'est l'heure du casse-croûte. Nicolas fait du café avec la machine à café. Il mange son casse-croûte et boit du café. Maintenant, il n'y a plus la queue devant son bureau. Nicolas peut rentrer à la maison. Il sort dans la rue. Il fait si beau aujourd'hui! Nicolas rentre à la maison. Il emmène ses enfants et va au parc de la ville. Ils passent un bon moment ici.

Es ist Samstagmorgen, aber Nicolas ist in seinem Büro. Er hat heute viel zu tun. Vor dem Büro ist eine Schlange. In der Schlange stehen viele Studenten und Arbeiter. Sie brauchen Arbeit. Sie gehen einer nach dem anderen ins Büro. Sie sprechen mit Nicolas. Dann gibt er ihnen Adressen von Firmen.

Jetzt ist Zeit für einen Imbiss. Nicolas macht Kaffee mit der Kaffeemaschine. Er isst seinen Imbiss und trinkt Kaffee. Jetzt ist keine Schlange mehr vor seinem Büro. Nicolas kann nach Hause gehen. Er geht auf die Straße. Es ist so ein schöner Tag! Nicolas geht nach Hause. Er holt seine Kinder ab und geht in den Stadtpark. Dort haben sie eine schöne Zeit.

8

Louise veut acheter un nouveau DVD
Louise will eine neue DVD kaufen

 A

Mots

Vokabeln

1. amical (M), amicale (F) - freundlich
2. aventure, une - das Abenteuer
3. boîte, une - die Kiste
4. cassette vidéo, une - die Videokassette
5. demander - fragen; demander (quelque chose) - fragen nach, bitten
6. dire - sagen
7. DVD - die DVD
8. environ, à peu près - etwa
9. favori, préféré (M); favorite, préférée(F) - Lieblings
10. film, un - film
11. heure, une - die Stunde
12. intéressant (M), intéressante (F) - interessant
13. jeune - jung

14. la plupart, le plus / les plus - meist
15. long (M), longue (F) - lang
16. magasin vidéo - die Videothek
17. main, une - Hand
18. montrer - zeigen
19. partir, s'en aller - weggehen
20. plus - mehr
21. que - dass; Je sais que ce livre est intéressant. - Ich weiß, dass dieses Buch interessant ist.
22. que, qu' - als; Nicolas est plus vieux que Louise. - Nikolai ist älter als Louise.
23. quinze - fünfzehn
24. se rendre compte, apprendre (quelque chose) - erfahren
25. tasse, une - die Tasse
26. vendeur, un - der Verkäufer / die Verkäuferin
27. vingt - zwanzig

B

Louise veut acheter un nouveau DVD

Louise will eine neue DVD kaufen

Anne et Bernard sont les enfants de Louise. Anne est la plus jeune. Elle a cinq ans. Bernard a quinze ans de plus qu'Anne. Il a vingt ans. Anne est beaucoup plus jeune que Bernard.

Anne, Louise et Bernard sont dans la cuisine. Ils boivent du thé. La tasse d'Anne est grande. La tasse de Louise est plus grande. La tasse de Bernard est la plus grande.

Louise a beaucoup de cassettes vidéos et de DVD avec des films intéressants. Elle veut acheter un film plus récent. Elle va dans un magasin vidéo. Ici, il y a beaucoup de cassettes vidéos et de DVD. Elle demande à un vendeur de l'aider. Le vendeur donne des cassettes à Louise. Louise veut en savoir plus sur ces films mais le vendeur part. Dans le magasin, il y a une autre vendeuse et elle est plus amicale. Elle pose des questions à Louise sur ses films préférés. Louise apprécie les films romantiques et les films d'aventure. Le film « Titanic » est son préféré. La vendeuse montre à Louise un DVD avec le film Hollywoodien le plus récent, « La Mexicaine ». Il a pour sujet les aventures romantiques d'un homme et d'une jeune femme au Mexique. Elle montre aussi à Louise un DVD du film « La firme ». La vendeuse dit que le film « La firme » est un des films les plus intéressants. Et que c'est aussi un

Anne und Bernard sind Louises Kinder. Anne ist die Jüngste. Sie ist fünf. Bernard ist fünfzehn Jahre älter als Anne. Er ist zwanzig. Anne ist viel jünger als Bernard.

Anne, Louise und Bernard sind in der Küche. Sie trinken Tee. Annes Tasse ist groß. Louises Tasse ist größer. Bernards Tasse ist am größten.

Louise hat viele Videokassetten und DVDs mit interessanten Filmen. Sie will einen neueren Film kaufen. Sie geht in eine Videothek. Dort sind viele Kisten mit Videokassetten und DVDs. Sie bittet einen Verkäufer, ihr zu helfen. Der Verkäufer gibt Louise ein paar Filme. Louise will mehr über diese Filme wissen, aber der Verkäufer geht weg.

Es gibt eine andere Verkäuferin im Laden und sie ist freundlicher. Sie fragt Louise nach ihren Lieblingsfilmen. Louise mag romantische Filme und Abenteuerfilme. Der Film ‚Titanic' ist ihr Lieblingsfilm. Die Verkäuferin zeigt Louise eine DVD mit dem neusten Hollywoodfilm ‚Die Mexikanerin'. Er handelt von den romantischen Abenteuern eines Mannes und einer jungen Frau in Mexiko. Sie zeigt Louise auch eine DVD mit dem Film ‚Die Firma'. Die Verkäuferin sagt, dass der Film ‚Die Firma' einer der interessantesten Filme ist. Und auch einer der längsten. Er dauert

des films les plus longs. Il dure plus que trois heures. Louise apprécie les longs films. Elle dit que « Titanic » est le film le plus intéressant et le plus long qu'elle ait. Louise achète un DVD avec le film « La firme ». Elle remercie le vendeur et part.

mehr als drei Stunden. Louise mag längere Filme. Sie sagt, dass ‚Titanic' der interessanteste und der längste Film ist, den sie hat. Louise kauft die DVD mit dem Film ‚Die Firma'. Sie bedankt sich bei der Verkäuferin und geht.

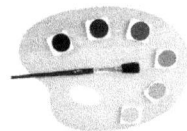

9

André ecoute des chansons allemandes
André hört deutsche Musik

Mots
Vokabeln

1. à côté de; proche - in der Nähe
2. à peu près, environ - etwa
3. appeler au téléphone - anrufen; appel, un - der Anruf; centre d'appels, un - Callcentre
4. avant (Zeit), devant (Lage) - vor
5. avoir honte - sich schämen; il a honte - er schämt sich
6. beurre, du - die Butter
7. chanter - singen
8. chanteur, un; chanteuse, une - der Sänger ; die Sängerin
9. chapeau, un - der Hut
10. commencer, se mettre à - anfangen
11. courir - rennen, joggen, laufen

12. dortoirs ; résidences/chambres (universitaires) - das Studentenwohnheim
13. Espagne, l' - Spanien
14. famille, une - die Familie
15. hors service - außer Betrieb
16. jour, un - der Tag
17. minute, une - die Minute
18. nom, un - der Name ; appeler, nommer, citer - nennen
19. pain, du - das Brot
20. parce que, car - weil
21. phrase, une - der Satz
22. robe, une - Kleidung
23. sac, un - die Tasche
24. sauter - springen; saut, un - der Sprung
25. se diriger, aller - gehen
26. simple - einfach
27. téléphone, un - das Telefon; téléphoner - telefonieren
28. tête, une - der Kopf
29. tous les (+m); toutes les (+f) - jeder, jede, jedes

B

André ecoute des chansons allemandes

André hört deutsche Musik

Caroline est étudiante. Elle a vingt ans. Caroline vient d'Espagne. Elle habite dans une résidence universitaire. C'est une fille très agréable. Caroline a une robe bleue. Elle a un chapeau sur la tête.

Aujourd'hui, Caroline veut téléphoner à sa famille.. Elle se dirige vers le centre d'appels parce que son téléphone est hors service. Le centre d'appels est en face du café. Caroline appelle sa famille. Elle parle à sa mère et à son père. L'appel dure environ cinq minutes. Ensuite, elle appelle son amie Brigitte. Cet appel dure environ trois minutes.

Robert aime le sport. Il court tous les matins dans le parc à côté de la résidence universitaire. Il court aujourd'hui aussi. Il saute aussi. Ses sauts sont très longs. Bernard et André courent et sautent avec Robert. Les sauts de Bernard sont plus longs. Les sauts d'André sont les plus longs. Il saute mieux que tous. Ensuite, Robert et André courent vers la résidence universitaire et Bernard court à la maison.

Robert prend son petit-déjeuner dans sa chambre. Il prend du pain et du beurre. Il fait du café avec

Caroline ist Studentin. Sie ist zwanzig. Caroline kommt aus Spanien. Sie wohnt im Studentenwohnheim. Sie ist ein sehr nettes Mädchen. Caroline hat ein blaues Kleid an. Auf dem Kopf hat sie einen Hut.

Caroline will heute ihre Familie anrufen. Sie geht ins Callcenter, weil ihr Telefon außer Betrieb ist. Das Callcenter ist vor dem Cafè. Caroline ruft ihre Familie an. Sie spricht mit ihrer Mutter und ihrem Vater. Der Anruf dauert etwa fünf Minuten. Dann ruft sie ihre Freundin Brigitte an. Dieser Anruf dauert etwa drei Minuten.

Robert mag Sport. Er geht jeden Morgen im Park in der Nähe des Studentenwohnheims joggen. Heute läuft er auch. Er springt auch. Er springt sehr weit. Bernard und André laufen und springen mit Robert. Bernard springt weiter. André springt am weitesten. Er springt am besten von allen. Dann laufen Robert und André zum Studentenwohnheim und Bernard nach Hause.

Robert frühstückt in seinem Zimmer. Er holt Brot und Butter. Er macht Kaffee mit der

la cafetière. Ensuite il beurre son pain et mange.

Robert vit dans la résidence universitaire à Bordeaux. Sa chambre est à côté de la chambre d'André. La chambre de Robert n'est pas grande. Elle est propre parce que Robert la nettoie tous les jours. Dans cette chambre, il y a une table, un lit, des chaises et des meubles. Les livres et les cahiers de Robert sont sur la table. Son sac est sous la table. Les chaises sont à côté de la table. Robert prend quelques CD et va dans la chambre d'André parce qu'André veut écouter de la musique allemande.

André est à la table dans sa chambre. Son chat est sous la table. Il y a du pain devant le chat. Le chat mange le pain. Robert donne les CD à André. Sur le CD, il y a le meilleur de la musique allemande. André veut aussi connaître les noms des chanteurs allemands. Robert cite ses chanteurs préférés. Il cite *Jan Delay et Nena*. Ces noms sont nouveaux pour André. Il écoute les CD puis commence à chanter les chansons allemandes! Il apprécie beaucoup ces chansons. André demande à Robert d'écrire les paroles des chansons. Robert écrit les paroles des meilleures chansons allemandes pour André. André dit qu'il veut apprendre les paroles de certaines chansons et demande à Robert de l'aider. Robert aide André à apprendre les paroles. Cela prend beaucoup de temps car Robert ne sait pas bien parler français. Robert a honte. Il ne peut pas dire des phrases simples! Ensuite, Robert va dans sa chambre et apprend le français.

Kaffeemaschine. Dann bestreicht er das Brot mit Butter und isst.

Robert wohnt im Studentenwohnheim in Bordeaux. Sein Zimmer ist in der Nähe von Andrés Zimmer. Roberts Zimmer ist nicht groß. Es ist sauber, weil Robert es jeden Tag sauber macht. In seinem Zimmer stehen ein Tisch, ein Bett, ein paar Stühle und ein paar andere Möbel. Roberts Bücher und Notizbücher liegen auf dem Tisch. Seine Tasche ist unter dem Tisch. Die Stühle stehen am Tisch. Robert nimmt ein paar CDs in die Hand und geht zu Andrés Zimmer, weil André deutsche Musik hören will.

André sitzt in seinem Zimmer am Tisch. Seine Katze ist unter dem Tisch. Vor der Katze liegt etwas Brot. Die Katze isst das Brot. Robert gibt André die CDs. Auf den CDs ist die beste deutsche Musik. André will auch die Namen der deutschen Sänger wissen. Robert nennt seine Lieblingssänger. Er nennt Jan Delay und Nena. Diese Namen sind André neu. Er hört die CDs an und beginnt dann, die deutschen Lieder zu singen! Ihm gefallen die Lieder sehr. André bittet Robert, den Text der Lieder aufzuschreiben. Robert schreibt die Texte der besten deutschen Lieder für André auf. André sagt, dass er die Texte von ein paar Liedern lernen will, und bittet Robert um Hilfe. Robert hilft André, die Texte zu lernen. Es dauert sehr lange, weil Robert nicht gut Französisch spricht. Robert schämt sich. Er kann nicht einmal ein paar einfache Sätze sagen! Dann geht Robert in sein Zimmer und lernt französisch.

10

André achète des manuels de design
André kauft Fachbücher über Design

 A

Mots
Vokabeln

1. au revoir - tschüss
2. avoir, recevoir, obtenir - bekommen, kriegen, erhalten
3. bien, de qualité - schön
4. bonjour, allo - hallo
5. certains/certaines, du, de la, des, de l'; n'importe quel- einige; n'importe quel- jede von
6. choisir - wählen, aussuchen
7. coûter - kosten
8. design, le - das Design
9. elle; son/sa/ses - sie (Akkusativ), ihr(e) (Possessivpronomen), à elle - ihr (Dativ)
10. étudier - studieren, nen
11. euro, un - der Euro

12. eux, elles (human); celle-ci; celui-ci, celles-ci / ceux-ci (object) - sie (Akkusativ), ihr(e) (Possessivpronomen), à eux - ihnen (Dativ)
13. genre, un; type, un - die Art
14. image, photo - das Foto, das Bild
15. langue, une - die Sprache
16. leçon, une - die Unterrichtsstunde, die Aufgabe
17. lui- ihn (Akkusativ), sein(e) (Possessivpronomen), à lui - ihm
18. manuel, un - das Fachbuch
19. natif, un; native, une; natal, natale (adj) - die Mutter(sprache)
20. parler de; expliquer - erklären; Pourriez vous l'expliquer?/Pourriez-vous en parler - Können Sie das erklären?
21. payer - bezahlen
22. proche, près/à côté d'ici, voisin - der Nächste, in der Nähe
23. programme - das Programm
24. réellement, vraiment - wirklich
25. regarder - schauen, betrachten
26. Samedi - Samstag
27. seulement, juste - nur
28. université, une - die Universität
29. voir - sehen

B

André achète des manuels de design

André kauft Fachbücher über Design

André est russe et le Russe est sa langue maternelle. Il étudie le design à l'université de Bordeaux.

Aujourd'hui, nous sommes samedi et André a beaucoup de temps-libre. Il veut acheter des livres sur le design. Il va à la librairie la plus proche. Ils pourraient avoir des manuels de design. Il entre dans le magasin et regarde l'étagère à livres. Une femme vient vers André. Elle est vendeuse.

« Bonjour. Puis-je vous aider? » lui demande la vendeuse.

« Bonjour, dit André, J'étudie le design à l'université. J'ai besoin de manuels. Avez-vous des manuels de design? » lui demande André.

« Quel genre de design? Nous avons des manuels de design de meubles, design de voitures, design de sport, design internet », lui explique-t-elle.

« Pourriez-vous me montrer des manuels de design de meubles et de design internet? » lui dit André.

André ist Russe und seine Muttersprache ist Russisch. Er studiert Design an der Universität in Bordeaux.

Heute ist Samstag und André hat viel Freizeit. Er will ein paar Bücher über Design kaufen. Er geht zum Buchladen in der Nähe. Der könnte Fachbücher über Design haben. Er kommt in den Laden und betrachtet den Tisch mit Büchern. Eine Frau kommt zu André. Sie ist eine Verkäuferin.

„Hallo, kann ich Ihnen helfen?", fragt ihn die Verkäuferin.

„Hallo", sagt André. „Ich studiere Design an der Universität. Ich brauche ein paar Fachbücher. Haben Sie irgendwelche Fachbücher über Design?", fragt André.

„Welche Art von Design? Wir haben Fachbücher über Möbeldesign, Autodesign, Sportdesign oder Internetdesign", erklärt sie ihm.

„Können Sie mir Fachbücher über Möbeldesign und Internetdesign zeigen?", fragt André.

„Sie können sich Bücher von den nächsten

« Vous pouvez choisir les livres des tables suivantes. Regardez-les. Ceci est un livre de Palatino, designer italien de meubles. Ce designer parle du design des meubles italiens. Il parle aussi du design de meubles en Europe et aux États-Unis. Il y a des images de qualité », explique la vendeuse.

« Je vois que le livre contient des leçons. Ce livre est vraiment bien. Combien coûte-t-il? » lui demande André.

« Il coûte 52 euros. Et vous avez un CD avec le livre. Il y a un logiciel de design de meubles sur le CD », lui dit la vendeuse.

« Il me plait vraiment », dit André.

« Vous pouvez voir des manuels sur le design internet ici, lui explique la femme, Ce livre parle du programme informatique Microsoft Office. Et ces livres parlent du programme informatique Flash. Regardez ce livre rouge. Il parle de Flash et il y a des leçons intéressantes. Choisissez-en un ».

« Combien coûte ce livre rouge? » lui demande André.

« Ce livre, avec deux CD, coûte seulement 43 euros », lui dit la vendeuse.

« Je veux acheter le livre de Palatino sur le design de meubles et le livre rouge sur Flash. Combien dois-je payer pour ceux-ci? » demande André.

« Vous devez payer 95 euro pour ces deux livres », lui dit la vendeuse.

André paye. Ensuite, il prend les livres et les CD.

« Au revoir », lui dit la vendeuse.

« Au revoir », lui dit André qui va ensuite dans la rue.

Tischen aussuchen. Schauen Sie sie sich an. Dies ist ein Buch von dem italienischen Möbeldesigner Palatino. Dieser Designer erklärt das Design italienischer Möbel. Er erklärt auch europäisches und amerikanisches Möbeldesign. In dem Buch sind einige gute Bilder", erklärt die Verkäuferin.

„Ich sehe, dass das Buch auch Aufgaben enthält. Dieses Buch ist wirklich gut. Wie viel kostet es?", fragt André.

„Es kostet zweiundfünfzig Euro. Und mit dem Buch kommt eine CD. Auf der CD ist ein Computerprogramm für Möbeldesign", sagt die Verkäuferin.

„Das gefällt mir wirklich", sagt André.

„Dort können Sie sich ein paar Fachbücher über Internetdesign anschauen", erklärt ihm die Frau. „Dieses Buch ist über das Computerprogramm Microsoft Office. Und diese Bücher sind über das Computerprogramm Flash. Schauen Sie sich dieses rote Buch an. Es ist über Flash und es enthält einige interessante Lektionen. Suchen Sie sich eins aus."

„Wie viel kostet das rote Buch?", fragt André.

„Dieses Buch mit zwei CDs kostet nur dreiundvierzig Euro", sagt die Verkäuferin.

„Ich möchte das Buch von Palatino über Möbeldesign und das rote Buch über Flash kaufen. Wie viel muss ich dafür zahlen?", fragt André.

„Sie müssen fünfundneunzig Euro für diese zwei Bücher zahlen", sagt die Verkäuferin.

André zahlt. Dann nimmt er die Bücher und die CDs.

„Tschüss", sagt die Verkäuferin zu ihm.

„Tschüss", sagt André und geht.

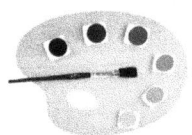

11

Robert veut gagner de l'argent (partie 1)
Robert will ein bisschen Geld verdienen (Teil 1)

 A

Mots
Vokabeln

1. à suivre - Fortsetzung folgt
2. alors que, depuis; à partir de, étant donné que - weil, denn, da
3. après - nach
4. boîte, une - die Kiste
5. c'est pourquoi - deshalb
6. charger - beladen; chargeur, un - der Verlader; camion, un - der Lastwagen
7. chef, le; gérant, le (Firma); directeur; le (Schule) - der Leiter / die Leiterin
8. comprendre - verstehen
9. de l' /par - pro; Je gagne 10 euros de l'heure. - Ich verdiene zehn Euro pro Stunde.
10. difficile; dur (M), dure (F) - schwer
11. énergie, une/ l' - die Energie
12. gagner - verdienen
13. habituel (M), habituelle (F) - normal; habituellement - normalerweise

14. heure(s) - Uhr; Il est deux heures. - Es ist zwei Uhr.
15. heure, une - die Stunde; toutes les heures - stündlich
16. jour, un - der Tag; au quotidien, tous les jours, par jour - täglich, jeden Tag
17. liste, une - die Liste
18. meilleur, meilleure; mieux - besser
19. note, une - die Notiz
20. numéro, un - die Nummer
21. OK, bien, bon - gut, alles klar
22. partie, une - der Teil
23. pourquoi - warum
24. rapidement - schnell; rapide - schnelle(r)
25. réponse, une - die Antwort; répondre - antworten, erwidern
26. service du personnel, le - die Personalabteilung
27. terminer - beenden
28. transport, un - der Transport
29. un de plus/un autre (M), une de plus/une autre (F) - noch einen

B

Robert veut gagner de l'argent
(partie 1)

Tous les jours après l'université, Robert a du temps libre. Il veut gagner un peu d'argent. Il se rend dans une agence d'emploi. Ils lui donnent l'adresse d'une entreprise de transport. L'entreprise de transport Rapid a besoin d'un chargeur. Ce travail est vraiment difficile. Mais ils paient vingt euros de l'heure. Robert veut ce travail. Il va donc au bureau de l'entreprise de transport.

« Bonjour. J'ai une note pour vous de la part d'une agence d'emploi », dit Robert à une femme du service du personnel de l'entreprise. Il lui donne la note.

« Bonjour, dit la femme, Je m'appelle Simone Lefevre. Je suis la chef de service du personnel. Quel est votre nom? »

« Je m'appelle Robert Genscher », dit Robert.

« Etes-vous français ? » demande Simone.

« Non, je suis allemand », répond Robert.

« Savez-vous bien parler et lire le français? » demande-t-elle.

« Oui », dit-il.

Robert will ein bisschen Geld verdienen
(Teil 1)

Robert hat jeden Tag nach der Universität freie Zeit. Er will ein bisschen Geld verdienen. Er geht in eine Arbeitsvermittlung. Sie geben ihm die Adresse einer Transportfirma. Die Transportfirma Rapid braucht einen Verlader. Diese Arbeit ist wirklich schwer. Aber sie bezahlen zwanzig Euro pro Stunde. Robert will den Job annehmen. Also geht er zum Büro der Transportfirma.

„Hallo. Ich habe eine Notiz für Sie von einer Arbeitsvermittlung", sagt Robert zu einer Frau in der Personalabteilung der Firma. Er gibt ihr die Notiz.

„Hallo", sagt die Frau. „Ich bin Simone Lefevre. Ich bin die Leiterin der Personalabteilung. Wie heißen Sie?"

„Ich heiße Robert Genscher", sagt Robert.

„Sind Sie Franzose?", fragt Simone.

„Nein, ich bin Deutscher", antwortet Robert.

„Können Sie gut Französisch sprechen und schreiben?", fragt sie.

« Quel âge avez-vous, Robert? » demande-t-elle.

« J'ai vingt ans », répond Robert.

« Voulez vous travailler comme chargeur dans une 'entreprise de transport? » lui demande le chef de service du personnel.

Robert a honte de dire qu'il ne peut pas obtenir un meilleur travail parce qu'il ne parle pas bien français. Il dit alors: « Je veux gagner vingt euros de l'heure ».

« Bien, bien, dit Simone, Habituellement, notre entreprise de transport n'offre pas beaucoup de travail de chargement. Mais en ce moment nous avons vraiment besoin d'un chargeur de plus. Pourriez-vous charger rapidement des boîtes de vingt kilogrammes? »

« Oui, je le peux. J'ai beaucoup d'énergie », répond Robert.

« Nous avons besoin d'un chargeur trois heures par jour. Pourriez-vous travailler de quatre à sept heures? » demande-t-elle.

« Oui, mes cours terminent à une heure », lui répond l'étudiant.

« Quand pourriez-vous commencer le travail? » lui demande la chef de service du personnel.

« Je peux commencer maintenant », répond Robert.

« Bien. Regardez cette liste de chargement. Il y a des noms d'entreprises et de magasins dans la liste, explique Simone, Toutes les entreprises et magasins ont des numéros. Ce sont les numéros des boîtes. Et ce sont des numéros de camions où vous devez charger ces boîtes. Les camions viennent et partent toutes les heures. Vous devez donc travailler rapidement. OK? »

« OK », répond Robert, ne comprenant pas bien Simone.

« Maintenant, prenez cette liste de chargement et allez à la porte de chargement numéro trois », dit la chef de service du personnel à Robert. Robert prend la liste de chargement et part au travail.

(à suivre)

„Ja", sagt er.

„Wie alt sind Sie?", fragt sie.

„Ich bin zwanzig", antwortet Robert.

„Wollen Sie in der Transportfirma als Verlader arbeiten?", fragt ihn die Leiterin der Personalabteilung.

Robert schämt sich, zu sagen, dass er keine bessere Arbeit haben kann, weil er nicht gut Französisch spricht. Deswegen sagt er: „Ich möchte zwanzig Euro pro Stunde verdienen."

„Na gut", sagt Simone. „Normalerweise hat unsere Transportfirma nicht viel Verladearbeit. Aber gerade brauchen wir wirklich noch einen Verlader. Können Sie schnell Kisten mit zwanzig Kilogramm Ladung verladen?"

„Ja, das kann ich. Ich habe viel Energie", antwortet Robert.

„Wir brauchen einen Verlader für drei Stunden täglich. Können Sie von vier bis sieben Uhr arbeiten?", fragt sie.

„Ja, mein Unterricht endet um ein Uhr", antwortet der Student.

„Wann können Sie anfangen, zu arbeiten?", fragt ihn die Leiterin der Personalabteilung.

„Ich kann jetzt anfangen", erwidert Robert.

„Gut. Schauen Sie sich diese Ladeliste an. Dort stehen Namen von Firmen und Läden", erklärt Simone. „Bei jeder Firma und jedem Laden stehen ein paar Nummern. Das sind die Nummern der Kisten. Und das sind die Nummern der Lastwägen, auf die Sie die Kisten laden müssen. Die Lastwägen kommen und gehen stündlich. Sie müssen also schnell arbeiten. Alles klar?"

„Alles klar", antwortet Robert, ohne Simone richtig zu verstehen.

„Nehmen Sie jetzt diese Ladeliste und gehen Sie zur Ladetür Nummer drei", sagt die Leiterin der Personalabteilung zu Robert. Robert nimmt die Ladeliste und geht arbeiten.

(Fortsetzung folgt)

12

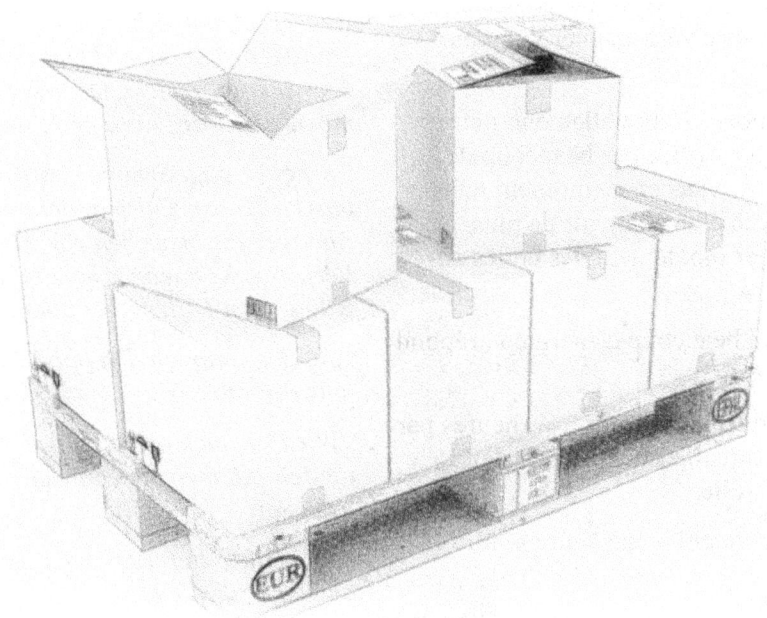

Robert veut gagner de l'argent (partie 2)

Robert will ein bisschen Geld verdienen (Teil 2)

A

Mots

Vokabeln

1. au lieu (+ du, de la, des) - anstelle von; à ta place - an deiner Stelle
2. amenant - bringend
3. amener - bringen
4. apprendre à connaître quelqu'un - kennenlernen; Je suis enchanté(e) de faire votre connaissance. - Ich bin froh Sie kennenzulernen.
5. conduire - fahren, conducteur, un - der Fahrer
6. correct (M), correcte (F) - richtig(er); correctement - richtig ; incorrectement - falsch; corriger - korrigieren
7. d'accord, OK, bien, bon - gut, alles klar
8. désolé (M), désolée (F) - leid tun; Je suis désolé(e). - Es tut mir leid.
9. détester - hassen
10. enchanté (M), enchantée (F) - froh

11. enseignant, un; enseignante, une - der Lehrer; die Lehrerin
12. être désolé(e) - leid tun; Je suis désolé(e). - Es tut mir leid.
13. fils, un - der Sohn
14. ici - hier (Ort), là-bas - hierher (Richtung); Ici, il y a, voici - hier ist / sind
15. il est temps de... - es ist an die Zeit, es ist soweit
16. leur(s), eux - ihr
17. Lundi - Montag
18. maman, une; mère, une - Mama, die Mutter
19. marcher, aller- gehen
20. mauvais, méchant (M), mauvaise, méchante (F) - schlecht
21. monsieur - Herr
22. raison, une - der Grund
23. rencontrer - treffen, kennenlernen
24. retour, de retour - zurück
25. se lever - aufstehen; Lève-toi! - Steh auf!
26. ton, ta, tes (informal) - dein (Possessiv), votre, vos (informal) – euer, Ihr
27. venir/repartir - zurückkommen

B

Robert veut gagner de l'argent (partie 2)

Il y a beaucoup de camions à la porte de chargement numéro trois. Ils sont de retour, ramenant leurs chargements. La chef de service du personnel et le chef de l'entreprise viennent ici. Ils viennent vers Robert. Robert charge des boîtes dans un camion. Il travaille rapidement.

« Hé, Robert! S'il vous plaît, venez ici, Simone l'appelle, Voici le chef de l'entreprise, Mr Dupont ».

« Je suis enchanté de faire votre connaissance », dit Robert en venant vers eux.

« Moi aussi, répond Mr Dupont, Où est votre liste de chargement? »

« Elle est ici », Robert lui donne la liste de chargement.

« Très bien, dit Mr Dupont en regardant la liste, Regardez ces camions? Ils reviennent en ramenant leurs charges parce que vous avez mal chargé les boîtes. Les boîtes de livres vont dans un magasin de meubles au lieu du magasin de livres, la boîte de cassettes vidéo et les DVD vont au café au lieu du magasin vidéo et les boîtes de

Robert will ein bisschen Geld verdienen (Teil 2)

An der Ladetür Nummer 3 stehen viele Lastwagen. Sie kommen mit ihrer Ladung zurück. Die Leiterin der Personalabteilung und der Firmenchef kommen dorthin. Sie gehen zu Robert. Robert lädt Kisten in einen Lastwagen. Er arbeitet schnell.

„Hey Robert! Komm bitte hierher", ruft Simone. „Das ist der Chef der Firma, Herr Dupont."

„Es freut mich, Sie kennenzulernen", sagt Robert auf sie zugehend.

„Mich auch", antwortet Hr. Dupont. „Wo ist Ihre Ladeliste?"

„Hier ist sie", Robert gibt ihm die Ladeliste.

„Na gut", sagt Hr. Dupont, während er auf die Liste schaut. „Sehen Sie diese Lastwagen? Sie bringen ihre Fracht zurück, weil Sie die Kisten falsch verladen haben. Die Kisten mit Büchern werden zu einem Möbelladen gebracht anstelle von einem Buchladen, die Kisten mit Videos und DVDs zu einem Cafè anstelle von einer Videothek und die Kisten mit Sandwiches zu einer Videothek anstelle von einem Cafè! Das ist schlechte Arbeit! Es tut mir leid, aber Sie können nicht in unserer

sandwichs vont au magasin vidéo au lieu du café! C'est un mauvais travail! Désolé mais vous ne pouvez pas travailler dans notre entreprise », dit Mr Dupont en retournant dans son bureau.

Robert ne peut pas charger correctement des boîtes parce qu'il ne lit et ne comprend pas bien le français. Simone le regarde. Robert a honte.

« Robert, tu peux mieux améliorer ton français et revenir à nouveau. D'accord? » dit Simone.

« D'accord, répond Robert, Au revoir Simone ».

« Au revoir Robert », répond Simone.

Robert rentre à la maison. Maintenant, il veut mieux améliorer son français puis trouver un nouveau travail.

Firma arbeiten", *sagt Hr. Dupont und geht zurück in sein Büro.*

Robert kann die Kisten nicht richtig verladen, weil er nur sehr wenig Französisch lesen und verstehen kann. Simone sieht ihn an. Robert schämt sich.

„Robert, du kannst dein Französisch verbessern und dann wiederkommen, ok?" sagt Simone.

„Ok", antwortet Robert. „Tschüss Simone."

„Tschüss Robert", antwortet Simone.

Robert geht nach Hause. Er will jetzt sein Französisch verbessern und sich dann eine neue Arbeit suchen.

Il est temps d'aller à l'université

Un lundi matin, une mère entre dans la chambre pour réveille son fils.

« Lève-toi, il est sept heures. Il est temps d'aller à l'université! »

« Mais pourquoi, Maman? Je ne veux pas y aller ».

« Cite-moi deux raisons pour lesquelles tu ne veux pas y aller », répond la mère au fils.

« Les étudiants me détestent et les enseignants me détestent aussi! »

« Oh, ce ne sont pas des raisons pour ne pas aller à l'université. Lève-toi! »

« D'accord. Cite-moi deux raisons pour lesquelles je devrais aller à l'université », dit-il à sa mère.

« Bon, d'abord, parce que tu as 55 ans. Et ensuite, parce que tu es le directeur de l'université! Lève-toi maintenant! »

Es ist an der Zeit, in die Uni zu gehen

An einem Montagmorgen kommt eine Mutter ins Zimmer, um ihren Sohn aufzuwecken.

„Steh auf, es ist sieben Uhr. Es ist an der Zeit, in die Uni zu gehen!"

„Aber warum, Mama? Ich will nicht gehen."

„Nenne mir zwei Gründe, warum du nicht gehen willst", sagt die Mutter zu ihrem Sohn.

„Die Studenten hassen mich und die Lehrer auch!"

„Oh, das sind keine Gründe, um nicht in die Uni zu gehen. Steh auf!"

„Ok. Nenn mir zwei Gründe, warum ich in die Uni muss", sagt er zu seiner Mutter.

„Gut, einerseits, weil du fünfundfünfzig Jahre alt bist. Und andererseits, weil du der Direktor der Universität bist! Steh jetzt auf!"

Fortgeschrittene Anfänger Stufe A2

13

Le nom de l'hôtel

Der Name des Hotels

A

Mots

1. à pied - zu Fuß
2. Allemagne, l' - Deutschland
3. ascenseur, un - der Aufzug
4. au-dessus de - über
5. bas, en-bas - nach unten
6. bâtiment, un - das Gebäude
7. Casper - Kasper (Name)
8. chemin, un; passage, un - der Weg
9. dehors, hors de/du, à l'extérieur - nach draussen
10. déjà - schon
11. dormir - schlafen
12. en dehors de, hors de, de - von, aus
13. encore, à nouveau - wieder
14. fâché, en colère - wütend
15. fatigué (M), fatiguée (F) - müde
16. Ford - Ford
17. idiot (M), idiote (F) - dumm
18. lac, un - der See
19. maintenant, en ce moment - jetzt, zurzeit, gerade
20. marcher - gehen
21. meilleur (M), meilleure (F), mieux - beste

22. montrer - zeigen

23. nuit, la - die Nacht

24. ouvrir - öffnen

25. par, à travers - hindurch

26. partir - weggehen, wegfahren

27. passé, le (Zeit); en passant devant (Lage) - vorbei

28. pied, un - der Fuß

29. pont, un - die Brücke

30. publicité, une; petites annonces, les - die Werbung

31. puis, ensuite, après, alors - dann

32. rond, autour - rund

33. se lever - stehen

34. soir, le - der Abend

35. sourire - lächeln

36. sourire, un - das Lächeln

37. stopper, arrêter, s'arrêter - anhalten

38. surprendre - überraschen

39. surpris (M), surprise (F) - überrascht, verwundert

40. surprise, une - die Überraschung

41. taxi, un - das Taxi; chauffeur de taxi, un - der Taxifahrer

42. trouver - finden

43. un autre, une autre - ein anderer, eine andere, ein anderes

44. voir - sehen

B

Le nom de l'hôtel

Voici un étudiant. Il s'appelle Casper. Casper vient d'Allemagne. Il ne sait pas parler français. Il veut apprendre le français dans une université en France. Casper vit dans un hôtel à Bordeaux.

En ce moment, il est dans sa chambre. Il regarde la carte. Cette carte est très bien. Casper voit des rues, des squares et des magasins sur la carte. Il sort de la chambre et traverse le long couloir vers l'ascenseur. L'ascenseur l'emmène en bas. Casper traverse le grand hall et sort de l'hôtel. Il s'arrête près de l'hôtel et écrit le nom de l'hôtel dans son calepin. À l'hôtel, il y a un square rond et un lac. Casper traverse le square vers le lac. Il marche autour du lac vers le pont. Beaucoup de voitures, de camions et de gens travèrsent du pont. Casper passe sous le pont. Puis il marche le long de la rue vers le centre-ville Il passe

Der Name des Hotels

Das ist ein Student. Er heißt Kasper. Kasper kommt aus Deutschland. Er spricht kein Französisch. Er will an einer Universität in Frankreich Französisch lernen. Kasper wohnt zurzeit in einem Hotel in Bordeaux.

Gerade ist er in seinem Zimmer. Er schaut auf die Karte. Diese Karte ist sehr gut. Kasper sieht Straßen, Plätze und Läden auf der Karte. Er geht aus dem Zimmer und durch den langen Gang zum Aufzug. Der Aufzug bringt ihn nach unten. Kasper geht durch die große Halle und aus dem Hotel. Er hält in der Nähe des Hotels an und schreibt den Namen des Hotels in sein Notizbuch.

Beim Hotel gibt es einen runden Platz und einen See. Kasper geht über den Platz zum See. Er geht um den See zur Brücke. Viele Autos, Lastwägen und Menschen überqueren die Brücke. Kasper geht unter der Brücke hindurch. Dann geht er eine

devant beaucoup de jolis bâtiments.

C'est déjà le soir. Casper est fatigué et veut retourner à l'hôtel. Il arrête un taxi, puis ouvre son calepin et montre le nom de l'hôtel au chauffeur de taxi. Le chauffeur de taxi regarde dans le calepin, sourit puis part en voiture. Casper ne comprend pas. Il est debout et regarde dans son calepin. Puis il arrête un autre taxi et montre encore le nom de l'hôtel au chauffeur de taxi. Le chauffeur regarde dans le calepin, puis regarde Casper, sourit et part aussi en voiture.

Casper est surpris. Il arrête un autre taxi. Mais ce taxi part aussi.. Casper ne comprend pas. Il est surpris et en colère. Mais il n'est pas idiot. Il ouvre sa carte et trouve le chemin vers l'hôtel. Il revient à l'hôtel à pied.

C'est la nuit. Casper est dans son lit. Il dort. Les étoiles brillent à travers la fenêtre de sa chambre. Le calepin est sur la table. Il est ouvert. « Ford est la meilleure voiture ». Ce n'est pas le nom de l'hôtel. C'est une publicité sur le bâtiment de l'hôtel.

Straße entlang zum Stadtzentrum. Er geht an vielen schönen Gebäuden vorbei.

Es ist schon Abend. Kasper ist müde und will zurück ins Hotel gehen. Er hält ein Taxi an, öffnet dann sein Notizbuch und zeigt dem Taxifahrer den Namen des Hotels. Der Taxifahrer schaut in das Notizbuch, lächelt und fährt weg. Kasper versteht nichts. Er steht da und schaut in sein Notizbuch. Dann hält er ein anderes Taxi an und zeigt dem Taxifahrer wieder den Namen des Hotels. Der Fahrer schaut in das Notizbuch. Dann schaut er Kasper an, lächelt und fährt auch weg.

Kasper ist verwundert. Er hält ein anderes Taxi an. Aber auch dieser Taxifahrer fährt weg. Kasper kann das nicht verstehen. Er ist verwundert und wütend. Aber er ist nicht dumm. Er öffnet seine Karte und findet den Weg zum Hotel. Er kehrt zu Fuß zum Hotel zurück.

Es ist Nacht. Kasper ist in seinem Bett. Er schläft. Die Sterne schauen durch das Fenster ins Zimmer. Das Notizbuch liegt auf dem Tisch. Es ist offen. „Ford ist das beste Auto". Das ist nicht der Name des Hotels. Das ist Werbung am Hotelgebäude.

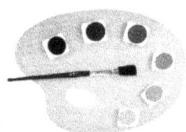

14

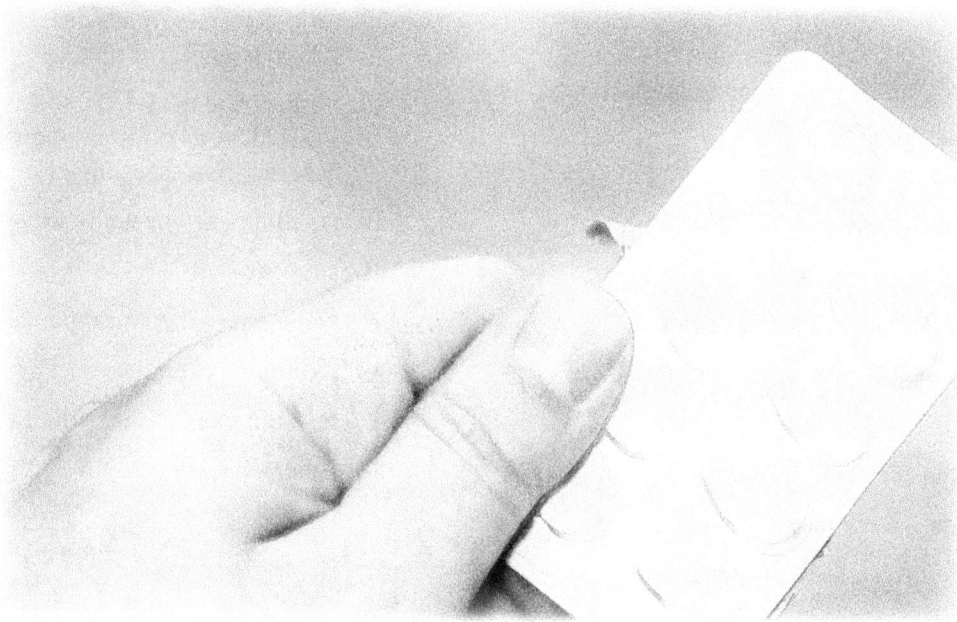

Aspirine

Aspirin

Mots

1. à - um, à une heure - um eins
2. après, passé - nach
3. aspirine, une / de l' - das Aspirin
4. bien sûr, évidemment - natürlich
5. blanc (M), blanche (F) - weiß
6. bureau, un - der Schreibtisch
7. certains/certaines, du/de la/de l', tout, aucun - einige
8. chimie, la - die Chemie
9. chimique - chemisch; produits chimiques - die Chemikalien
10. comprimé, un - die Tablette
11. cristal, un; cristaux, des - das Kristall, die Kristalle
12. dans - in, dans duex heure - in zwei Stunden;
13. dernier - vorige, letzte
14. dix - zehn
15. dortoirs ; résidences/chambres (universitaires) - das Studentenwohnheim
16. durer - dauern

17. enfin - schließlich

18. essayer - versuchen

19. essayer : j'essaie, tu essaies, il/on essaie, nous essayons, vous essayez, ils/elles essayent- versuchen

20. gars, un; type, un - der Junge

21. gris (M), grise (F) - grau

22. intelligent, malin (M), intelligente, maligne (F) - intelligent

23. merveilleux - wunderbar

24. moitié, une - halb

25. montre, une - die Uhr

26. morceau de papier, un - das Blatt

27. obtenir - bekommen, (etwas) erhalten

28. papier, un - das Papier

29. passer, réussir - eine Prüfung bestehen

30. pause, une - die Pause

31. pendant - im Verlauf, während

32. penser, réfléchir - denken

33. pharmacie, une - die Apotheke

34. puant - stinkend

35. que - dass

36. quelque chose - etwas

37. salle de classe, une - das Klassenzimmer

38. s'asseoir: je m'assieds, tu t'assieds, il s'assied, nous nous asseyons, vous vous asseyez, ils s'asseyent - sich hinsetzen

39. si, tellement - deshalb

40. souvent - oft

41. tâche, une - die Aufgabe

42. terminer - beenden

43. test, un; examen, un - die Prüfung

44. tester - prüfen

 B

Aspirine

Aspirin

Voici l'ami de Robert. Il s'appelle André. André vient de Russie. Sa langue maternelle est le Russe. Il parle aussi très bien français André habite dans la résidence universitaire. En ce moment, André est dans sa chambre. Aujourd'hui, André a un contrôle de chimie. Il regarde sa montre. Il est huit heures. Il est temps d'y aller. André va dehors. Il va à l'université. L'université est à côté de la résidence universitaire. Il lui faut environ dix minutes pour aller à l'université. André entre dans la salle de classe.. Il ouvre la porte et regarde dans la salle de classe. Ici, il y a des étudiants et l'enseignant. André entre dans la salle de classe.

Das ist ein Freund von Robert. Er heißt André. André kommt aus Russland. Seine Muttersprache ist Russisch. Er spricht auch sehr gut Französisch. André wohnt im Studentenwohnheim. André ist gerade in seinem Zimmer. André hat heute eine Prüfung in Chemie. Er schaut auf die Uhr. Es ist acht Uhr. Es ist an der Zeit, zu gehen.

André geht nach draußen. Er geht zur Universität. Die Uni ist in der Nähe des Wohnheims. Er braucht etwa zehn Minuten bis zur Uni. André kommt zum Klassenzimmer. Er öffnet die Tür und schaut ins Klassenzimmer. Einige Studenten und der Lehrer sind da. André betritt das Klassenzimmer.

« Bonjour », dit-il.	„Hallo", sagt er.
« Bonjour », répondent l'enseignant et les étudiants.	„Hallo", antworten der Lehrer und die Studenten.
André va à son bureau et s'assied. Le contrôle de chimie commence à huit heures et demi. L'enseignant vient au bureau d'André.	André geht zu seinem Schreibtisch und setzt sich hin. Die Prüfung beginnt um halb neun. Der Lehrer kommt zu Andrés Tisch.
« Voici ton travaille, dit l'enseignant. Puis il donne un morceau de papier à André avec cette tâche, Tu dois faire de l'aspirine. Vous pouvez travailler de huit heures et demi à midi. Commencez s'il vous plaît », dit l'enseignant.	„Hier ist deine Aufgabe", sagt der Lehrer. Dann gibt er André ein Blatt Papier mit der Aufgabe. „Du musst Aspirin herstellen. Du kannst von halb neun bis zwölf Uhr arbeiten. Fang bitte an", sagt der Lehrer.
André sait comment faire ce travail. Il prend des produits chimiques et commence. Il travaille pendant dix minutes. Enfin, il obtient quelque chose de gris et puant. Ce n'est pas de la bonne aspirine. André sait qu'il doit obtenir de grands cristaux d'aspirine blancs. Puis il essaye encore et encore. André travaille pendant une heure mais il obtient encore quelque chose de gris et puant. André est en colère et fatigué. Il n'y comprend rien. Il s'arrête et réfléchit un peu. André est un type intelligent. Il réfléchit pendant quelques minutes puis trouve la solution ! Il se lève.	André weiß, wie diese Aufgabe geht. Er nimmt einige Chemikalien und beginnt. Er arbeitet zehn Minuten lang. Das Ergebnis ist grau und stinkt. Das ist nicht gutes Aspirin. André weiß, dass er große, weiße Aspirinkristalle erhalten muss. Dann versucht er es wieder und wieder. André arbeitet eine Stunde lang, aber das Ergebnis ist wieder grau und stinkend.
	André ist wütend und müde. Er kann es nicht verstehen. Er macht eine Pause und denkt ein bisschen nach. André ist intelligent. Er denkt ein paar Minuten nach und findet dann die Lösung! Er steht auf.
« Puis-je avoir une pause de dix minutes? » demande André à l'enseignant.	„Kann ich zehn Minuten Pause machen?", fragt er den Lehrer.
« Bien sûr », répond l'enseignant.	„Ja, natürlich", antwortet der Lehrer.
André sort. Il trouve une pharmacie à côté de l'université. Il entre et achète des comprimés d'aspirine. Dix minutes plus tard, il revient dans la salle de classe. Les étudiants sont assis et travaillent. André s'assied.	André geht nach draußen. Er findet eine Apotheke in der Nähe der Uni. Er geht hinein und kauft ein paar Tabletten Aspirin. Nach zehn Minuten kommt er zurück ins Klassenzimmer. Die Studenten sitzen da und arbeiten. André setzt sich hin.
« Puis-je terminer l'examen? » Dema,nde André à l'enseignant après 5 minutes.	„Kann ich die Prüfung beenden?", fragt André den Lehrer nach fünf Minuten.
L'enseignant vient au bureau d'André. Il voit de gros cristaux blancs d'aspirine. L'enseignant s'arrête, surpris. Il reste debout et regarde l'aspirine pendant une minute.	Der Lehrer kommt zu Andrés Tisch. Er sieht große, weiße Aspirinkristalle. Der Lehrer ist überrascht. Er bleibt stehen und schaut eine Weile auf das Aspirin.
« C'est merveilleux! Ton aspirine est tellement belle! Mais je n'arrive pas à comprendre! J'essaye souvent d'obtenir de l'aspirine et j'obtiens seulement quelque chose de gris et puant, dit l'enseignant, Tu as réussi l'examen », dit-il.	„Wunderbar! Dein Aspirin ist gut! Aber ich kann das nicht verstehen! Ich versuche oft, Aspirin herzustellen, aber alles, was ich herausbekomme, ist grau und stinkt", sagt der Lehrer. „Du hast die Prüfung bestanden."
André part après l'examen. L'enseignant voit	André geht nach der Prüfung weg. Der Lehrer

quelque chose de blanc sur le bureau d'André. Il va vers le bureau et trouve le papier des comprimés d'aspirine.

« Tu es un garçon malin. Ok, André. Maintenant, tu vas avoir des problèmes », dit l'enseignant.

sieht etwas Weißes auf Andrés Tisch. Er geht zum Tisch und findet das Papier der Aspirintabletten.

„Intelligenter Junge. Na ja, André, jetzt hast du ein Problem", sagt der Lehrer.

15

Anne et le kangourou
Anne und das Känguru

 A

Mots

1. amener (quelque part) - füren, bringen j-n
2. année, une - das Jahr
3. bibliothèque, une; étagère à livres, une - das Bücherregal
4. calmement, doucement - leise
5. cheveux, des (PL) - das Haar
6. chute, une - der Fall
7. Comment allez-vous? / Comment vas-tu? - Wie geht es Ihnen? / Wie geht es dir?
8. complet (M), complète (F); plein de, plein d' - voll
9. couler (le long de /vers le bas) - ablaufen
10. crier - schreien, rufen
11. d'accord, Ok, bien, bon - okay, gut
12. eau, de l'- das Wasser
13. embêter, s'embêter - ärgern
14. ensemble - zusammen
15. étudier - studieren
16. fortement- stark; fort (M), forte (F) - stark
17. glace, une/ de la - das Eis

18. grand (M), grande (F) - gross, weit
19. hé! / ohé! - hey!
20. heureux (M), heureuse (F) - glücklich
21. Je vais, tu vas, il/elle va, nous allons, vous allez, ils/elles vont - Ich werde
22. je, me, moi - mich / mir
23. jouet, un - das Spielzeug
24. kangourou, un - das Känguru
25. lion, un - der Löwe
26. mois, un - der Monat
27. mouillé (M), mouillée (F) - nass
28. nous - uns
29. Oh! - Oh!
30. olympique - olympisch
31. oreille, une - das Ohr
32. pauvre - arm
33. pleurer - weinen
34. poupée, une - die Puppe
35. premier (M), première (F), premièrement (adv) - der erste
36. projet, un; plan, un - der Plan; planifier - planen
37. quand, lorsque - wenn
38. que, qu'est ce que, quoi / quel, quelle - was; Qu'est ce que c'est ? - Was ist das?; Quelle table? - Welchen Tisch?
39. queue, une - der Schwanz
40. seau, un - der Eimer
41. singe, un - der Affe
42. son (+m), sa (+f), ses (+pl); lui - sein; ihn
43. sortir, amener / obtenir / se rendre, aller (Richtung) - erreichen, langen; herausziehen
44. surprise, une - Überraschung
45. taper, battre - schlagen
46. tigre, un - der Tiger
47. tirer - ziehen
48. tomber - fallen;
49. V + ons / allons-nous + inf V - lass uns
50. voisin, proche, à côté, près de; suivant/suivante - der nächste
51. voler - fliegen
52. zèbre, un - das Zebra
53. zoo, un - der Zoo

B

Anne et le kangourou

Anne und das Känguru

Maintenant, Robert est étudiant. Il étudie à l'université. Il étudie le français. Robert vit dans la résidence universitaire. Il vit à côté de chez André. En ce moment, Robert est dans sa chambre. Il prend le téléphone et appelle son ami Bernard.

« Allo », répond Bernard à l'appel.

« Allo Bernard. C'est moi, Robert. Comment vas-

Robert ist jetzt Student. Er studiert an der Universität. Er studiert Französisch. Robert wohnt im Studentenwohnheim. Er ist Andrés Nachbar.

Robert ist gerade in seinem Zimmer. Er nimmt sein Telefon und ruft seinen Freund Bernard an.

Bernard geht ans Telefon und sagt: „Hallo."

„Hallo Bernard. Ich bin es, Robert. Wie geht's

tu ? » dit Robert.

« Bonjour Robert. Je vais bien. Merci. Et comment vas-tu ? » répond Bernard.

« Je vais bien aussi. Merci. Je vais partir faire une promenade. Quels sont tes projets pour aujourd'hui ? » dit Robert.

« Ma soeur Anne veut aller avec moi au zoo. Je vais partir avec elle maintenant. Allons-y ensemble », dit Bernard.

« Ok. Je vais venir avec vous. Où allons-nous nous retrouver ? » demande Robert.

« Retrouvons-nous à l'arrêt de bus Olympique. Et demande à André s'il veux venir avec nous », dit Bernard.

« Ok. Au revoir », répond Robert.

« A tout à l'heure. Au revoir », répond Bernard.

Ensuite, Robert va dans la chambre d'André. André est dans sa chambre.

« Bonjour », dit-il.

« Oh, bonjour Robert. Entre, s'il te plaît », dit André. Robert entre.

« Bernard, sa soeur et moi allons au zoo. Veux-tu venir avec nous? » demande Robert.

« Bien sûr, je vais venir aussi! » dit André.

Robert et André vont jusqu'à l'arrêt de bus Olympique. Là bas, ils voient Bernard et sa sœur Anne.

La sœur de Bernard a seulement cinq ans. C'est une petite fille et elle a plein d'énergie. Elle aime beaucoup les animaux. Mais Anne pense que les animaux sont des jouets. Les animaux partent en courant parce qu'elle les embête beaucoup. Elle leur tire la queue ou l'oreille, les tape avec une main ou un jouet. Anne a un chien et un chat à la maison. Quand Anne est à la maison, le chien est sous un lit et le chat est assis sur la bibliothèque. Alors elle ne peut pas les avoir.

Anne, Bernard, Robert et André entrent dans le zoo. Il y a beaucoup d'animaux dans le zoo. Anne est très heureuse. Elle court vers les lions et vers les tigres. Elle tape le zèbre avec sa poupée. Elle

dir?", sagt Robert.

„Hallo Robert. Mir geht's gut. Danke. Und dir?", antwortet Bernard.

„Mir geht's auch gut, danke. Ich werde einen Ausflug machen. Was hast du heute vor?", sagt Robert.

„Meine Schwester Anne will mit mir in den Zoo gehen. Ich werde jetzt mit ihr dorthin gehen. Lass uns zusammen gehen", sagt Bernard.

„Alles klar, ich komme mit. Wo treffen wir uns?", fragt Robert.

„Lass uns an der Bushaltestelle Olympic treffen. Und frag André, ob er auch mitkommen will", sagt Bernard.

„Alles klar. Tschüss", antwortet Robert.

„Bis gleich", sagt Bernard.

Dann geht Robert zu Andrés Zimmer. André ist in seinem Zimmer.

„Hallo", sagt Robert.

„Oh, hallo Robert. Komm rein", sagt André. Robert betritt das Zimmer.

„Bernard, seine Schwester und ich gehen in den Zoo. Willst du mitkommen?", fragt Robert.

„Natürlich komme ich mit", sagt André.

Robert und André fahren bis zur Bushaltestelle Olympic. Dort sehen sie Bernard und seine Schwester Anne. Bernards Schwester ist erst fünf. Sie ist ein kleines Mädchen und voller Energie. Sie mag Tiere sehr gerne. Aber Anne denkt, dass Tiere Spielzeug sind. Die Tiere rennen vor ihr weg, weil sie sie sehr ärgert. Sie zieht sie am Schwanz oder am Ohr, schlägt sie mit der Hand oder mit einem Spielzeug. Zu Hause hat Anne einen Hund und eine Katze. Wenn Anne zu Hause ist, sitzt der Hund unter dem Bett und die Katze auf dem Bücherregal. So kann Anne sie nicht kriegen.

Anne, Bernard, Robert und André betreten den Zoo. Im Zoo gibt es sehr viele Tiere. Anne ist glücklich. Sie rennt zu den Löwen und Tigern. Sie schlägt das Zebra mit ihrer Puppe. Sie zieht so stark am Schwanz eines Affen, dass alle Affen

tire la queue d'un singe si fort que tous les singes partent en courant et en criant. Puis Anne voit un kangourou. Le kangourou boit de l'eau dans un seau. Anne sourit et va très doucement vers le kangourou. Puis...

« Hé!! Kangourou-ou-ou!! » crie Anne en tirant sa queue. Le kangourou regarde Anne de ses yeux grands ouverts. Il saute par surprise si bien que le seau d'eau vole en l'air et tombe sur Anne. De l'eau coule le long de ses cheveux, de son visage et de sa robe. Anne est toute mouillée.

« Tu es un méchant kangourou! Méchant! » crie-t-elle.

Certaines personnes sourient et d'autres disent: « Pauvre fille ». Bernard ramène Anne à la maison.

« Tu ne dois pas embêter les animaux », dit Bernard en lui donnant une glace. Anne mange la glace.

« D'accord. Je ne jouerai plus avec les animaux qui sont très grands et en colère, se dit Anne, Je ne jouerai qu'avec les petits animaux ». Elle est de nouveau heureuse.

schreiend wegrennen. Dann sieht Anne ein Känguru. Das Känguru trinkt Wasser aus einem Eimer. Anne lächelt und nähert sich dem Känguru langsam. Und dann...

„Hey!!! Kängruu-uu-uu!", schreit Anne und zieht es am Schwanz. Das Känguru sieht Anne mit weit aufgerissenen Augen an. Vor Schreck macht es einen Satz, sodass der Wassereimer in die Luft fliegt und auf Anne fällt. Wasser läuft über ihr Haar, ihr Gesicht und ihr Kleid. Anne ist ganz nass.

„Du bist ein böses Känguru! Böse!", ruft sie.

Einige Leute lächeln und einige Leute sagen: „Armes Mädchen." Bernard bringt Anne nach Hause.

„Du darfst die Tiere nicht ärgern", sagt Bernard und gibt ihr ein Eis. Anne isst das Eis.

„Okay, ich werde nicht mehr mit sehr großen und wütenden Tieren spielen", denkt Anne. „Ich werde nur noch mit kleinen Tieren spielen." Sie ist wieder glücklich.

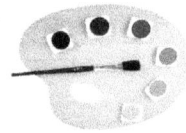

16

Les parachutistes

Parachutists

A

Mots

1. à propos - übrigens
2. air, l'- die Luft
3. aller: Je vais, tu vas, il/elle va, nous allons, vous allez, ils/elles vont...(+inf) – wird, werden, werde
4. après - nach
5. astuce, une; tour de passe-passe, un - der Trick
6. atterrir - landen
7. attraper - fangen, sich anhaken, hängenbleiben
8. au-dessus de - über
9. autre, un - andere
10. avec colère, en colère - wütend
11. avion, un - das Flugzeug
12. club, un - der Verein
13. cool, super, génial - super, toll
14. croire - glauben
15. dans la rue, dehors - nach außen
16. dans, dedans, à l'intérieur de - in
17. en / de caoutchouc - der Gummi
18. en dehors de - aus, von
19. entraîner - trainieren; entraîné (M), entraînée (F) - trainiert

67

20. équipe, une - die Mannschaft
21. être silencieux: je suis, tu es, il/elle est, nous sommes; vous êtes, ils/elles sont...+ silencieux / silencieuse(s) - schweigen
22. être: je suis, tu es, il/elle est, nous sommes, vous êtes, ils/elles sont - zu sein
23. faire: je fais, tu fais, il/elle fait, nous faisons, vous faites, ils/elles font - machen
24. fermer - schließen
25. habillé (M), habillée (F) - gekleidet, angezogen
26. jaune - gelb
27. juste, seulement - nur
28. membre, un - das Mitglied
29. métal, un - das Metall
30. mettre - anziehen
31. neuf - neun
32. pantalon, un (sing) - die Hose
33. papa, un - Papa
34. parachute - der Fallschirm; parachutiste, un/une - der Fallschirmspringer
35. parachutiste rembourré un - die Fallschirmspringerpuppe
36. partie, une - der Teil
37. pilote, un / une - der Pilot
38. plafond, toit un - das Dach
39. pour, afin de - um.. zu..
40. pousser- stoßen, ziehen
41. prendre place, s'asseoir - sich hinsetzen
42. préparer - vorbereiten (sich)
43. propre, le mien / le tien / le sien - eigener, eigene, eigenes
44. public, un - das Publikum
45. réel, vrai - wirkliche
46. robe, une - Kleidung
47. rouge - rot
48. sauf, mais - außer, ausgenommen
49. sauver, secourir - retten
50. s'exclamer - (aus)rufen
51. si – ob, wenn, falls
52. siège, un - der Sitz
53. silencieusement, en silence - schweigend
54. silencieux (M), silencieuse (F) - leise
55. sortir - aussteigen
56. spectacle aérien, un - die Flugschau
57. terre, une - Land
58. tombé(e), qui est tombé(e) - fallend
59. veste, une - die Jacke
60. vie, la - das Leben; astuce de sauvetage, une - der Rettungstrick

B

Les parachutistes

C'est le matin. Robert entre dans la chambre d'André. André est assis à la table et écrit quelque chose. Le chat d'André, Favori, est sur le lit d'André. Il dort calmement.

« Puis-je entrer? » demande Robert.

« Oh, Robert. Entre, s'il te plaît. Comment

Die Fallschirmspringer

Es ist Morgen. Robert kommt in Andrés Zimmer. André sitzt am Tisch und schreibt etwas. Andrés Katze Favorite sitzt auf Andrés Bett. Sie schläft ruhig.

„Kann ich reinkommen?", fragt Robert.

„Oh, Robert. Komm rein. Wie geht's dir?",

vas-tu ? » répond André.

« Bien. Merci. Comment vas-tu ? » dit Robert.

« Je vais bien. Merci. Assied-toi, s'il te plaît », répond André.

Robert s'assied sur une chaise.

« Tu sais que je suis membre du club de parachutisme. Aujourd'hui, il y a un spectacle de l'air, dit Robert, Je vais y faire des sauts ».

« C'est très intéressant, répond André, Je vais peut-être venir voir le spectacle de l'air ».

« Si tu veux, je peux t'y emmener et tu pourras voler en avion », dit Robert.

« Vraiment ? Ce serai super ! cire André, À quelle heure commence le spectacle de l'air ? »

« Il commence à dix heures du matin, répond Robert, Bernard va venir aussi. À propos, nous avons besoin d'aide pour pousser un parachutiste rembourré hors de l'avion. Vas-tu nous aider ? »

« Un parachutiste rembourré ? Pourquoi ? » dit André, surpris.

« Tu vois, ça fait partie du spectacle, dit Robert, C'est une astuce de sauvetage. Le parachutiste rembourré tombe. À ce moment, un vrai parachutiste vole vers lui, l'attrape et ouvre son propre parachute. L' ‹ homme › est sauvé ! »

« Super ! répond André, Je vais t'aider. Allons-y ! »

André et Robert vont dehors. Ils viennent à l'arrêt de bus Olympique et prennent le bus. Cela ne prend que dix minutes pour aller au spectacle de l'air. Lorsqu'ils sortent du bus, ils voient Bernard.

« Bonjour Bernard, dit Robert, Allons vers l'avion ».

Ils voient une équipe de parachutisme à côté de l'avion. Ils vont vers le chef de l'équipe. Le chef de l'équipe est habillé d'un pantalon

antwortet André.

„Gut, danke. Und dir?", sagt Robert.

„Danke, auch gut. Setz dich", antwortet André.

Robert setzt sich auf einen Stuhl.

„Du weißt doch, dass ich Mitglied in einem Fallschirmspringerverein bin. Wir haben heute eine Flugschau", sagt Robert. „Ich werde ein paar Sprünge machen."

„Das ist interessant", antwortet André. „Ich komme vielleicht zuschauen."

„Wenn du willst, kann ich dich mitnehmen und du kannst in einem Flugzeug mitfliegen", sagt Robert.

„Echt? Das wäre super!", ruft André. „Um wie viel Uhr ist die Flugschau?"

„Sie fängt um zehn Uhr morgens an", antwortet Robert. „Bernard kommt auch. Übrigens, wir brauchen Hilfe, eine Fallschirmspringerpuppe aus dem Flugzeug zu werfen. Kannst du helfen?"

„Eine Fallschirmspringerpuppe? Warum?", fragt André überrascht.

„Ach, weißt du, das ist ein Teil der Schau", sagt Robert. „Es ist ein Rettungstrick. Die Puppe fällt herunter. In dem Moment fliegt ein echter Fallschirmspringer zu ihr, fängt sie und öffnet seinen eigenen Fallschirm. Der „Mann" ist gerettet!"

„Toll!", antwortet André, „Ich helfe. Lass uns gehen!"

André und Robert gehen nach draußen. Sie kommen zur Bushaltestelle Olympic und nehmen einen Bus. Es dauert nur zehn Minuten bis zur Flugschau. Als sie aus dem Bus steigen, sehen sie Bernard.

„Hallo Bernard", sagt Robert, „Lass uns zum Flugzeug gehen."

Beim Flugzeug sehen sie eine Fallschirmspringermannschaft. Der Führer der

rouge et d'une veste rouge.

« Bonjour Serge, dit Robert, André et Bernard vont aider pour l'astuce de sauvetage ».

« D'accord. Le parachutiste rembourré est ici », dit Serge. Il leur donne le parachutiste rembourré. Le parachutiste rembourré est habillé d'un pantalon rouge et d'une veste rouge.

« Il est habillé comme toi », dit Bernard en souriant à Serge.

« Nous n'avons pas le temps d'en parler, dit Serge, Prends-le dans cet avion ».

Bernard et André prennent le parachutiste rembourré dans l'avion. Ils s'asseyent près du pilote. Toute l'équipe des parachutistes, à part le chef, monte dans l'avion. Ils ferment la porte. En cinq minutes, l'avion est dans les airs. Quand il vole au-dessus de Bordeaux, Bernard voit sa propre maison.

« Regarde! Ma maison est là! » crie Bernard.

André regarde les rues, les squares, les parcs de la ville à travers la fenêtre. C'est merveilleux de voler en avion.

« Préparez-vous à sauter! » crie le pilote. Les parachutistes se lèvent. Ils ouvrent la porte.

« Dix, neuf, huit, sept, six, cinq, quatre, trois, deux, un. Partez! » crie le pilote.

Les parachutistes commencent à sauter en dehors de l'avion. Le public en bas sur terre voit des parachutes rouges, verts, blancs, bleus et jaunes. Ils ont l'air très beaux. Serge, le chef de l'équipe de parachutisme regarde aussi en l'air. Les parachutistes volent vers le bas et certains atterrissent déjà.

« D'accord. Bon travail, les gars », dit Serge en allant au café proche pour boire du café.

Le spectacle de l'air continue.

« Préparez-vous pour l'astuce de sauvetage! » crie le pilote.

Bernard et André ammène le parachutiste

Mannschaft hat eine rote Hose und eine rote Jacke an.

„Hallo Serge", sagt Robert. „André und Bernard helfen beim Rettungstrick."

„Okay. Hier ist die Puppe", sagt Serge. Er gibt ihnen die Fallschirmspringerpuppe. *Die Puppe trägt eine rote Hose und eine rote Jacke.*

„Sie trägt die gleiche Kleidung wie du", sagt Bernard und grinst Serge an.

„Wir haben keine Zeit, darüber zu reden", sagt Serge. „Nehmt sie mit in dieses Flugzeug."

Bernard und André bringen die Puppe ins Flugzeug. Sie setzen sich neben den Piloten. Die ganze Fallschirmspringermannschaft außer ihrem Führer besteigt das Flugzeug. Sie schließen die Tür. Nach fünf Minuten ist das Flugzeug in der Luft. Als es über Bordeaux fliegt, sieht Bernard sein Haus.

„Schau! Da ist mein Haus!", ruft Bernard.

André sieht aus dem Fenster auf Straßen, Plätze und Parks. Es ist toll, in einem Flugzeug zu fliegen.

„Zum Sprung bereit machen!", ruft der Pilot. *Die Fallschirmspringer stehen auf. Sie öffnen die Tür.*

„Zehn, neun, acht, sieben, sechs, fünf, vier, drei, zwei, eins! Los!", ruft der Pilot.

Die Fallschirmspringer beginnen, aus dem Flugzeug zu springen. Das Publikum auf dem Boden sieht rote, grüne, weiße, blaue und gelbe Fallschirme. Es sieht sehr schön aus. Serge, der Führer der Mannschaft, schaut auch nach oben. Die Fallschirmspringer fliegen nach unten und einige landen bereits.

„Okay, gute Arbeit, Jungs", sagt Serge und geht in ein Café in der Nähe, um Kaffee zu trinken.

Die Flugschau geht weiter.

„Für den Rettungstrick bereit machen!", ruft

rembourré vers la porte.

« Dix, neuf, huit, sept, six, cinq, quatre, trois, deux, un. Partez! » crie le pilote.

Bernard et André poussent le parachutiste rembourré par la porte. Il tombe mais il reste accroché ensuite. Sa « main » en caoutchouc est coincé dans une partie en métal de l'avion.

« Allez-y, partez les gars! » crie le pilote.

Les garçons poussent très fortement sur le parachutiste rembourré mais n'arrivent pas à le sortir.

Le public en bas à terre voient un homme habillé de rouge à la porte de l'avion. Deux autres hommes essayent de le pousser dehors. Les gens n'en croient pas leurs yeux. Cela dure environ une minute. Puis le parachutiste rouge tombe. Un autre parachutiste saute en dehors de l'avion et essaye de l'attraper. Mais il n'y arrive pas. Le parachutiste en rouge tombe par terre. Il tombe à l'intérieur du café en traversant le toit. Le public regarde silencieusement. Puis les gens voient un homme habillé en rouge courant hors du café. L'homme en rouge est Serge, le chef de l'équipe de parachutisme. Mais le public pense que c'est le parachutiste qui est tombé. Il regarde en l'air et crie, avec colère: « Si vous ne pouvez pas attraper un homme, alors n'essayez pas! »

Le public est silencieux.

« Papa, cet homme est très fort », dit une petite fille à son père.

« Il est bien entraîné », répond le père.

Après le spectacle de l'air, Bernard et André vont vers Robert.

« Alors, comment était notre travail? » demande Bernard.

« Ah... Oh, c'est très bien. Merci », répond Robert.

« Si tu as besoin d'aide, dis-le moi », dit André.

der Pilot.

Bernard und André bringen die Puppe zur Tür.

„Zehn, neun, acht, sieben, sechs, fünf, vier, drei, zwei, eins! Los!", ruft der Pilot.

Bernard und André stoßen die Puppe aus der Tür. Sie fällt heraus, bleibt dann aber hängen. Ihre Gummihand ist an einem Metallteil des Flugzeugs hängen geblieben.

„Los, auf, Jungs!", ruft der Pilot.

Die Jungs ziehen mit aller Kraft an der Puppe, aber sie bekommen sie nicht los.

Das Publikum unten auf dem Boden sieht einen Mann in Rot gekleidet in der Flugzeugtür. Zwei andere Männer versuchen, ihn herauszustoßen. Die Leute trauen ihren Augen nicht. Es dauert etwa eine Minute. Dann fällt der Fallschirmspringer in Rot nach unten. Ein anderer Fallschirmspringer springt aus dem Flugzeug und versucht, ihn zu fangen. Aber er schafft es nicht. Der Fallschirmspringer in Rot fällt weiter. Er fällt durch das Dach in das Cafè. Das Publikum sieht schweigend zu. Dann sehen die Leute einen in rot gekleideten Mann aus dem Cafè rennen. Der Mann in Rot ist Serge, der Führer der Fallschirmspingermannschaft. Aber das Publikum denkt, dass er der abgestürzte Fallschirmspringer ist. Er schaut nach oben und ruft wütend: „Wenn ihr einen Mann nicht fangen könnt, dann versucht es nicht!"

Das Publikum ist still.

„Papa, dieser Mann ist sehr stark", sagt ein kleines Mädchen zu ihrem Vater.

„Er ist gut trainiert", antwortet der Vater.

Nach der Flugschau gehen Bernard und André zu Robert.

„Wie war unsere Arbeit?", fragt Bernard.

„Ähm...Oh, sehr gut. Danke", antwortet Robert.

„Wenn du Hilfe brauchst, sag es einfach", sagt André.

17

Éteins le gaz!
Mach das Gas aus!

A

Mots

1. allumer - anmachen; éteindre - ausmachen
2. attentionné (M), attentionnée (F) - sorgfältig
3. avant de faire (quelque chose) - bevor
4. bouilloire, une - der Kessel
5. chaud (M), chaude (F) - warm
6. combiné téléphonique, un - der Telefonhörer
7. école maternelle, une - der Kindergarten
8. étrange - fremd
9. feu, un - das Feuer
10. gaz, le - das Gas
11. immédiatement - sofort
12. Je vais, tu vas, il/elle va, nous allons, vous allez, ils/elles vont...(+ inf) - werden
13. j'oublia/oubliais, tu oublias/oubliais, il/elle oublia/ oubliait, nous oubliâmes/oubliions, vous oubliâtes/oubliiez, ils oublièrent/oubliaient - vergessen
14. kilomètre(s) - der Kilometer
15. minou, un - die Miezekatze
16. moment, un - der Moment
17. onze - elf
18. ordonner - befehlen

19. pâle - blass
20. pas - nicht
21. pendant ce temps - in der Zwischenzeit
22. pied, un - der Fuß; à pied - zu Fuß
23. placer verticalement - stellen; placer horizontalement - liegen
24. poste, un - die Station
25. près d'ici - nahe
26. quarante-quatre - vierundvierzig
27. qui, que, quel - wer
28. rapide - schnelle; rapidement - schnell
29. réchauffer - aufwärmen
30. remplir - füllen
31. répandre - übergreifen
32. robinet, un - der Wasserhahn
33. rusé - schlauer; avec ruse - schlau
34. se glacer - erstarren
35. secrétaire, une - die Sekretärin
36. sensation, une - das Gefühl
37. si, tellement - deswegen
38. sonner - klingeln; sonnerie, une - das Klingeln
39. soudainement, tout à coup - plötzlich
40. station de chemin de fer, un - der Bahnhof
41. ticket, un - die Fahrkarte
42. tout - alles
43. train, un - der Zug
44. vingt - zwanzig
45. vivant (M), vivante (F); habitant - wohnhaft
46. voix, une - die Stimme

B

Éteins le gaz!

Il est sept heures du matin. Bernard et Anne dorment. Leur mère est dans la cuisine. La mère s'appelle Louise. Elle a quarante-quatre ans. C'est une femme attentionnée. Louise nettoie la cuisine avant d'aller travailler. Elle est secrétaire. Elle travaille à vingt kilomètres de Bordeaux. D'habitude, Louise va au travail en train.

Elle sort. La gare est à côté, donc Louise y va à pied. Elle achète un ticket et prend le train. Il lui faut environ vingt minutes pour aller au travail. Louise s'assoit dans le train and regarde par la fenêtre. Tout à coup, elle se glace. La bouilloire! Elle est sur la cuisinière et elle a oublié d'éteindre le gaz! Bernard et Anne dorment. Le feu pourrait se répandre sur les meubles et là... Louise devient pâle. Mais c'est

Mach das Gas aus!

Es ist sieben Uhr morgens. Bernard und Anne schlafen. Ihre Mutter ist in der Küche. Die Mutter heißt Louise. Louise ist vierundvierzig. Sie ist eine sorgfältige Frau. Louise putzt die Küche, bevor sie zur Arbeit geht. Sie ist Sekretärin. Sie arbeitet zwanzig Kilometer außerhalb von Bordeaux. Louise fährt normalerweise mit dem Zug zur Arbeit.

Sie geht nach draußen. Der Bahnhof ist in der Nähe, deswegen geht Louise zu Fuß dorthin. Sie kauft eine Fahrkarte und steigt ein. Es dauert etwa zwanzig Minuten bis zu ihrer Arbeit. Louise sitzt im Zug und schaut aus dem Fenster.

Plötzlich erstarrt sie. Der Kessel! Er steht auf dem Herd und sie hat vergessen, das Gas auszumachen. Bernard und Anne schlafen. Das Feuer kann auf die Möbel übergreifen und dann... Louise wird blass.

une femme maligne et en une minute elle sait ce qu'elle doit faire. Elle demande à une femme et un homme, qui sont assis à côté, d'appeler chez elle et de parler à Bernard de la bouilloire.

Pendant ce temps, Bernard se lève, se lave et va à la cuisine. Il prend la bouilloire de la table, la remplit avec de l'eau et la met sur la cuisinière. Puis il prend du pain et du beurre et se fait des tartines. Anne entre dans la cuisine.

« Où est mon petit minou? » demande-t-elle.

« Je ne sais pas, répond Bernard, Va dans la salle de bain et lave-toi le visage. Maintenant, nous allons boire du thé et manger des tartines. Puis je t'amènerai à l'école maternelle ».

Anne ne veut pas se laver. « Je n'arrive pas à allumer le robinet », dit-elle avec ruse.

« Je vais t'aider », dit son frère. À ce moment, le téléphone sonne. Anne court rapidement vers le téléphone et prend le combiné.

« Bonjour, ici le zoo. Et qui êtes-vous? » dit-elle. Bernard lui prend le combiné et dit: « Bonjour. Bernard à l'appareil ».

« Êtes-vous le Bernard Legrand habitant au onze rue Malbec? » lui demande une voix étrangère de femme.

« Oui », répond Bernard.

« Allez immédiatement dans la cuisine et éteignez le gaz! » crie la voix de la femme.

« Qui êtes-vous? Pourquoi dois-je éteindre le gaz? » dit Bernard, surpris.

« Faites-le maintenant! » ordonne la voix.

Bernard éteint le gaz. Anne et Bernard regardent la bouilloire, surpris.

« Je ne comprends pas, dit Bernard, Comment cette femme peut-elle savoir que nous allons boire du thé? »

« Quand allons-nous manger? » demande sa sœur, « J'ai faim ».

« J'ai faim aussi », dit Bernard en allumant de gaz à nouveau. À cette minute, le téléphone sonne à nouveau.

Aber sie ist eine intelligente Frau und kurz darauf weiß sie, was zu tun ist. Sie bittet eine Frau und einen Mann, die neben ihr sitzen, bei ihr zu Hause anzurufen und Bernard über den Kessel zu informieren.

In der Zwischenzeit steht Bernard auf, wäscht sich und geht in die Küche. Er nimmt den Kessel vom Tisch, füllt ihn mit Wasser und stellt ihn auf den Herd. Dann nimmt er Brot und Butter und macht Butterbrote. Anne kommt in die Küche.

„Wo ist meine kleine Miezekatze?", fragt sie.

„Ich weiß es nicht", antworte Bernard. „Geh ins Bad und wasch dein Gesicht. Wir trinken jetzt Tee und essen Brote. Dann bring ich dich in den Kindergarten."

Anne will sich nicht waschen. „Ich kann den Wasserhahn nicht anmachen", sagt sie schlau.

„Ich helfe dir", sagt ihr Bruder. In diesem Moment klingelt das Telefon. Anne rennt schnell zum Telefon und nimmt den Hörer ab.

„Hallo, hier ist der Zoo. Und wer ist da?", sagt sie. Bernard nimmt ihr den Hörer weg und sagt: „Hallo, Bernard hier."

„Bist du Bernard Legrand, wohnhaft in der rue Malbec elf?", fragt die Stimme einer fremden Frau.

„Ja", antwortet Bernard.

„Geh sofort in die Küche und mach das Gas aus", ruft die Stimme der Frau.

„Wer sind Sie? Warum soll ich das Gas ausmachen?", fragt Bernard überrascht.

„Mach es jetzt!", befielt die Stimme.

Bernard macht das Gas aus. Anne und Bernard sehen verwundert auf den Kessel.

„Ich verstehe das nicht", sagt Bernard. „Woher weiß diese Frau, dass wir Tee trinken wollten?"

„Wann essen wir?" sagt seine Schwester. „Ich habe Hunger."

„Ich habe auch Hunger", sagt Bernard und macht das Gas wieder an. In diesem Moment klingelt das Telefon wieder.

« Allo », dit Bernard.

« Êtes-vous le Bernard Legrand habitant au onze rue Malbec? » lui demande la voix étrangère d'un homme.

« Oui », répond Bernard.

« Éteignez la cuisinière à gaz immédiatement! Faites attention! » ordonne la voix.

« Ok », dit Bernard en éteignant le gaz à nouveau.

« Allons à l'école maternelle », dit Bernard à Anne, avec la sensation qu'ils ne boiront pas de thé aujourd'hui.

« Non. Je veux du thé avec du pain et du beurre », dit Anne avec colère.

« Bon, essayons de réchauffer à nouveau la bouilloire », dit son frère en allumant le gaz.

Le téléphone sonne et cette fois, la mère ordonne d'éteindre le gaz. Ensuite, elle explique tout. Enfin, Anne et Bernard boivent le thé et vont à l'école maternelle.

„Hallo", sagt Bernard.

„Bist du Bernard Legrand, wohnhaft in der rue Malbec elf?", fragt die Stimme eines fremden Mannes.

„Ja", antwortet Bernard.

„Mach sofort das Gas aus! Sei vorsichtig!", befiehlt die Stimme.

„Okay", sagt Bernard und macht das Gas wieder aus.

„Lass uns in den Kindergarten gehen", sagt Bernard zu Anne in dem Gefühl, dass sie heute keinen Tee trinken werden.

„Nein. Ich will Tee und Brot mit Butter", sagt Anne wütend.

„Gut, lass uns versuchen, den Kessel wieder zu wärmen", sagt ihr Bruder und stellt das Gas an.

Das Telefon klingelt und dieses Mal befiehlt ihre Mutter, das Gas abzustellen. Dann erklärt sie alles. Endlich trinken Anne und Bernard Tee und gehen in den Kindergarten.

18

Une agence d'emploi
Eine Arbeitsvermittlung

A

Mots

1. accepter - einverstanden sein
2. aide, une - der Helfer
3. allonger, s'allonger - liegen
4. alors que, depuis - da
5. attentivement, soigneusement - vorsichtig
6. aussi, également - auch
7. aux cheveux gris - grauhaarig
8. bras, un - der Arm
9. câble, un - das Kabel
10. comme - wie; Comme moi. - Wie ich.
11. confus (M), confuse (F) - verwirrt
12. consultant, un - der Berater
13. consulter - beraten
14. cool, super, génial - toll
15. courant électrique, le / du - der Strom
16. courant, en courant - laufende

17. d'accord / entendu - einverstanden (adj)
18. édition, une - der Verlag
19. électrique - elektrisch
20. en même temps - gleichzeitig
21. expérience, une / de l' - die Erfahrung
22. fort (M), forte (F) - starke; fortement - stark
23. histoire, une - die Geschichte
24. individuellement - einzeln
25. je fus/j'étais, tu fus/tu étais, il fut/ il était, nous fûmes/nous étions, vous fûtes/ vous étiez, ils furent/ils étaient - war
26. laisser - lassen
27. le même (M), la même (F), les mêmes (PL) - der Gleiche
28. l'heure, de l'heure - eine Stunde, pro Stunde
29. l'un l'autre - einander
30. matelas, un - die Matratze
31. intellectuel (lle), mental (M), mentale (F), mentaux, mentales (PL) - Kopfarbeit
32. moitié - halb
33. mortel (M), mortelle (F) - tödlich
34. nettoyant - putzend
35. numéro, un - die Nummer
36. poste, un - die Position
37. prendre position, obtenir un poste - eine Stelle bekommen
38. quinze - fünfzehn
39. recommander - empfehlen
40. retirer - abnehmen
41. secouer, trembler - zittern
42. sérieusement - ernst
43. s'inquiéter - sich Sorgen machen
44. soixante - sechzig
45. sol, par terre - der Boden
46. sûr (M), sûre (F), volontiers! - sicher
47. tout autour - vielseitig, alles könnend
48. travail d'écriture, un - Schreibarbeit
49. travail manuel, un - die Handarbeit
50. ville, une - die Stadt
51. visiteur, un - der Gast, der Besucher

Une agence d'emploi

Un jour, André va dans la chambre de Robert et voit que son ami est allongé et tremblant. André voit des câbles électriques courant de Robert vers la bouilloire électrique. André pense que Robert à reçu un courant électrique mortel. Il va rapidement vers le lit, prend le matelas et le tire fortement. Robert tombe par terre. Puis il se lève et regarde André, surpris.

« Qu'est ce que c'était? » demande Robert.

« Tu étais sous l'effet du courant électrique », dit

Eine Arbeitsvermittlung

Eines Tages kommt André in Roberts Zimmer und sieht seinen Freund zitternd auf dem Bett liegen. André sieht einige Stromkabel, die von Robert zum Wasserkocher führen. André glaubt, dass Robert einen tödlichen Stromschlag abbekommen hat. Er geht schnell zum Bett, nimmt die Matratze und zieht stark daran. Robert fällt auf den Boden. Dann steht er auf und sieht André verwundert an.

„Was war das denn?", fragt Robert.

„Du standest unter Strom", sagt André.

André.

« Non, j'écoute de la musique », dit Robert en montrant son lecteur CD.

« Oh, je suis désolé », dit André. Il est confus.

« Ça va. Ne t'inquiète pas », répond calmement Robert en nettoyant son pantalon.

« Bernard et moi allons à une agence d'emploi. Veux-tu venir avec nous? » demande André.

« Volontiers. Allons-y ensemble », dit Robert.

Ils sortent et prennent le bus numéro sept. Il leur faut environ quinze minutes pour aller à l'agence d'emploi. Bernard est déjà là-bas. Ils entrent dans le bâtiment. Il y a une longue queue au bureau de l'agence d'emploi. Ils sont debout dans la queue. En une demi-heure ils vont au bureau. Il y a une table et des étagèresde livres dans la pièce. Un homme aux cheveux gris est assis à la table. Il a environ soixante ans.

« Entrez, les gars! dit-il amicalement, Asseyez-vous, s'il vous plaît ».

Bernard, Robert et André s'assoient.

« Je m'appelle Nicolas Duval. Je suis consultant pour l'emploi. D'habitude, je parle avec les visiteurs individuellement. Mais comme vous êtes tous étudiants et que vous vous connaissez les uns les autres, je peux vous prendre en consultation tous ensembles. Êtes-vous d'accord? »

« Oui, dit Bernard, Nous avons trois ou quatre heures de temps libre tous les jours. Nous devons trouver du travail pendant ces moments-là ».

« Bien. J'ai des emplois pour les étudiants. Et toi, retire ton lecteur CD », dit Mr Duval à Robert.

« Je peux vous écouter en même temps que la musique », dit Robert.

« Si tu veux sérieusement trouvez un travail, retire ce lecteur et écoute attentivement ce que je vais dire, dit Mr Duval, Maintenant les gars, de quel type de travail avez-vous besoin? Avez-vous besoin d'un travail intellectuel ou manuel? »

« Je peux faire n'importe quel travail, dit André, Je suis fort. Voulez-vous faire une partie de bras de fer? » dit-il en mettant son bras sur la table de Mr

„Nein, ich habe Musik gehört", sagt Robert und zeigt auf seinen CD-Spieler.

„Oh, Entschuldigung", sagt André. Er ist verwirrt.

„Schon gut, mach dir keinen Kopf", sagt Robert ruhig und macht seine Hose sauber.

„Bernard und ich gehen zu einer Arbeitsvermittlung. Willst du mitkommen?", fragt André.

„Klar, lass uns zusammen gehen", sagt Robert.

Sie gehen nach draußen und nehmen den Bus Nummer sieben. Sie brauchen etwa fünfzehn Minuten bis zur Arbeitsvermittlung. Bernard ist schon dort. Sie betreten das Gebäude. Vor dem Büro der Arbeitsvermittlung ist eine lange Schlange. Sie stellen sich an. Nach einer halben Stunde betreten sie das Büro. Im Zimmer sind ein Stuhl und ein paar Bücherregale. Am Tisch sitzt ein grauhaariger Mann. Er ist etwa sechzig.

„Kommt rein, Jungs", sagt er freundlich. *„Setzt euch, bitte."*

Bernard, Robert und André setzen sich.

„Ich bin Nicolas Duval. Ich bin Arbeitsberater. Normalerweise spreche ich einzeln mit Besuchern. Aber da ihr alle Studenten seid und euch kennt, kann ich euch zusammen beraten. Seid ihr einverstanden?"

„Ja", sagt Bernard. *„Wir haben drei, vier Stunden frei pro Tag. Wir brauchen für diese Zeit einen Job."*

„Gut, ich habe ein paar Jobs für Studenten. Und du, mach deinen CD-Spieler aus", sagt Herr Duval zu Robert.

„Ich kann gleichzeitig Ihnen zuhören und Musik hören", sagt Robert.

„Wenn du ernsthaft einen Job willst, mach die Musik aus und hör mir genau zu", sagt Herr Duval. *„Also, was für einen Job wollt ihr denn. Wollt ihr Hand- oder Kopfarbeit?*

„Ich kann jede Arbeit machen", sagt André. *„Ich bin stark. Wollen Sie es testen?"*, fragt er und stützt seinen Arm auf Herrn Duvals Tisch auf.

Duval.

« Ici, ce n'est pas un club de sport mais si tu insiste..., dit Mr Duval. Il met son bras sur la table et pousse rapidement le bras d'André en bas, Comme tu le vois tu ne dois pas seulement être fort mais aussi être intelligent ».

« Je peux aussi faire un travaille intellectuel », dit encore André. Il veut vraiment avoir un travail. « Je sais écrire des histoires. Je connais des histoires sur ma ville natale ».

« C'est très intéressant », dit Mr Duval. Il prend un morceau de papier. « La maison d'édition ‹ Tout-autour › a besoin d'une jeune aide pour un poste d'écriture. Ils payent neuf euros de l'heure ».

« Cool! dit André, Puis-je essayer? »

« Bien sûr. Voici leur numéro de téléphone et leur adresse », dit Mr Duval en donnant le morceau de papier à André.

« Et vous les gars, vous pouvez choisir un travail dans une ferme, une entreprise informatique, un journal ou un supermarché. Comme vous n'avez pas beaucoup d'expérience, je vous recommande de commencer à travailler dans une ferme. Ils ont besoin de deux travailleurs », dit Mr Duval à Bernard et Robert.

« Combien payent-ils? » demande Bernard.

« Laissez-moi voir… ». Mr Duval regarde dans son ordinateur. « Ils ont besoin de travailleurs trois ou quatre heures par jour et ils paient sept euros de l'heure. Le samedi et le dimanche sont des jours de congé. Acceptez-vous? » demande-t-il.

« J'accepte », dit Bernard.

« J'accepte aussi », dit Robert.

« Bien. Prenez le numéro de téléphone et l'adresse de la ferme », dit Mr Duval en leur donnant un morceau de papier.

« Merci », disent les garçons en sortant dehors.

„Das hier ist kein Sportverein, aber wenn du willst…", sagt Herr Duval. Er stützt seinen Arm auf den Tisch auf und drückt Andrés Arm schnell nach unten. „Wie du siehst, musst du nicht nur stark, sondern auch schlau sein."

„Ich kann auch Denkarbeit machen", sagt André. Er will unbedingt einen Job. „Ich kann Geschichten schreiben. Ich habe ein paar Geschichten über meine Heimatstadt."

„Das ist sehr interessant", sagt Herr Duval. Er greift nach einem Blatt Papier. „Der Verlag „All-Round" braucht einen jungen Helfer als Schreiber. Sie zahlen neun Euro pro Stunde."

„Super", sagt André. „Kann ich das versuchen?"

„Natürlich. Hier sind Telefonnummer und Adresse", sagt Herr Duval und gibt André ein Blatt Papier.

„Und ihr Jungs könnt zwischen einem Job auf einem Bauernhof, in einer Computerfirma, bei einer Zeitung oder im Supermarkt wählen. Da ihr keine Erfahrung habt, empfehle ich euch, mit der Arbeit auf dem Bauernhof anzufangen. Sie brauchen zwei Arbeiter", sagt Herr Duval zu Bernard und Robert.

„Wie viel zahlen sie?", fragt Bernard.

„Mal sehen…" Herr Duval schaut auf den Computer. „Sie brauchen Arbeiter für drei oder vier Stunden am Tag und zahlen sieben Euro pro Stunde. Samstag und Sonntag sind frei. Seid ihr einverstanden?", fragt er.

„Ja, bin ich", sagt Bernard.

„Ich auch", sagt Robert.

„Gut, nehmt die Telefonnummer und die Adresse des Bauernhofs", sagt Herr Duval und gibt ihnen eine Blatt Papier.

„Dankeschön, Herr Duval", sagen die Jungs und gehen nach draußen.

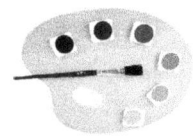

19

Bernard et Robert nettoient le camion (partie 1)
Bernard und Robert waschen den Laster (Teil 1)

 A

Mots

1. à côté de, près d'ici - nahe
2. approprié(e), correct(e), qui convient - passend
3. appuyant le pied sur - tretend
4. arriver - ankommen
5. assez - ziemlich
6. attendre - warten
7. au début, d'abord - erst
8. aucun, pas de - keine, nein
9. bateau, un - das Schiff
10. beaucoup, beaucoup de - viel
11. bord de mer, le - die Küste
12. champ, un - das Feld
13. chercher - suchen
14. cinquième - fünfter

15. commencer, démarrer - anfangen
16. cour, une - der Hof
17. décharger - abladen
18. démarrer (une machine/un moteur) - anmachen (nur ein Motor)
19. devant, avant - vorn
20. dixième - zehnter
21. doucement - langsam
22. employeur, un - der Arbeitgeber
23. flotter, nager - schwimmen, treiben
24. force, la/de la - die Stärke
25. frein, un - die Bremse, freiner - bremsen
26. graine, une - das Saatgut
27. huitième - achter
28. la plupart de - grösste Teil
29. lavant, nettoyant - waschend; laver, nettoyer - waschen
30. laver - waschen
31. le long de - entlang
32. loin, loin de - weit; plus loin - weiter
33. machine, une - die Maschine
34. mer, la - das Meer
35. mètre, un - der Meter
36. moteur, un - der Motor

37. nettoyage, un - die Reinigung
38. neuvième - neunter
39. permis de conduire, le - der Führerschein
40. plus près - näher
41. porter - bringen in Händen; transporter - transportieren
42. propriétaire, un/une - der Besitzer
43. quatrième - vierter
44. roue, une - das Rad
45. route, une; rue, une; passage, un - die Straße
46. se jetant - schaukelnd
47. second, deuxième - zweiter
48. septième - siebter
49. sixième - sechster
50. soulever - heben
51. troisième - dritter
52. trop (superlative) - zu; trop grand (M), trop grande (F) - zu gross
53. un (petit) peu - ein bisschen
54. utiliser - benutzen
55. vague, une - die Welle
56. vérifier - kontrollieren

 B

Bernard et Robert nettoient le camion
(partie 1)

Maintenant, Bernard et Robert travaillent à la ferme. Ils travaillent trois ou quatre heures tous les jours. Le travail est assez difficile. Ils doivent beaucoup travailler chaque jour. Ils nettoient la cour de la ferme tous les deux jours. Ils nettoient les machines de la ferme tous les trois jours. Tous

Bernard und Robert waschen den Laster
(Teil 1)

Bernard und Robert arbeiten jetzt auf einem Bauernhof. Sie arbeiten drei, vier Stunden am Tag. Die Arbeit ist ziemlich schwer. Sie müssen jeden Tag viel arbeiten. Sie machen den Hof jeden zweiten Tag sauber. Sie putzen die Maschinen jeden dritten Tag. Jeden vierten Tag

les quatres jours, ils travaillent dans les champs. Leur employeur s'appelle Michel Lucas. M. Lucas est le propriétaire de la ferme et il fait la plupart du travail. Mr Lucas travaille très dur. Il donne aussi beaucoup de travail à Bernard et Robert.

« Hé les gars, terminez de nettoyer les machines, prenez le camion et allez à l'entreprise de transport Rapid, dit M. Lucas, Ils ont un chargement pour moi. Chargez les boîtes avec les graines dans le camion, amenez-les à la ferme et déchargez-les dans la cour de la ferme. Faites-le rapidement car j'ai besoin des graines aujourd'hui. Et n'oubliez pas de nettoyer le camion ».

« D'accord », dit Bernard. Ils terminent le nettoyage et vont dans le camion. Bernard a son permis de conduire alors il conduit le camion. Il démarre le moteur et conduit d'abord doucement dans la cour de la ferme, puis rapidement le long de la route. L'entreprise de transport Rapid n'est pas loin de la ferme. Ils y arrivent en quinze minutes. Là, ils cherchent la porte de chargement numéro dix. Bernard conduit attentivement le camion à travers la cour de chargement. Ils passent devant la première porte de chargement, devant la seconde porte de chargement, devant la troisième, devant la quatrième, devant la cinquième, devant la sixième, devant la septième, devant la huitième, puis devant la neuvième porte de chargement. Bernard conduit jusqu'à la dixième porte de chargement et s'arrête.

« Nous devons vérifier liste de chargement en premier », dit Robert, qui a déjà de l'expérience avec les listes de chargement dans cette entreprise de transport. Il va vers le chargeur qui travaille à la porte et lui donne la liste de chargement. Le chargeur charge rapidement cinq boîtes dans leur camion. Robert vérifie soigneusement les boîtes. Toutes les boîtes portent un numéro de la liste.

« Les numéros correspondent. Maintenant, nous pouvons y aller », dit Robert.

« D'accord, dit Bernard en démarrant le moteur, Je pense que nous pouvons nettoyer le camion maintenant. Il y a une place appropriée pas très loin d'ici ».

En cinq minutes ils arrivent en bord de mer.

« Tu veux nettoyer le camion ici? » demande

arbeiten sie auf den Feldern.

Ihr Arbeitgeber heißt Michel Lucas. Herr Lucas ist der Besitzer des Bauernhofs und macht die meiste Arbeit. Herr Lucas arbeitet sehr hart. Er gibt Bernard und Robert auch viel Arbeit.

„Hey Jungs, macht die Maschinen fertig sauber und fahrt dann mit dem Laster zur Transportfirma Rapid", sagt Herr Giacomoi. „Sie haben eine Ladung für mich. Ladet die Kisten mit dem Saatgut auf den Laster, bringt sie zum Bauernhof und ladet sie auf dem Hof ab. Beeilt euch, denn ich brauche das Saatgut heute. Und vergesst nicht, den Laster zu waschen."

„Okay", sagt Bernard. Sie machen die Maschine fertig sauber und steigen in den Laster. Bernard hat einen Führerschein, deswegen fährt er. Er macht den Motor an, fährt erst langsam durch den Hof und dann schnell die Straße entlang. Die Transportfirma Rapid ist nicht weit vom Bauernhof. Sie kommen dort nach fünfzehn Minuten an. Dort suchen sie die Verladetür Nummer zehn.

Bernard fährt den Laster vorsichtig über den Hof. Sie fahren an der ersten Verladetür vorbei, an der zweiten, an der dritten, an der vierten, an der fünften, an der sechsten, an der siebten, an der achten und dann an der neunten. Bernard fährt zur zehnten Verladetür und hält an.

„Wir müssen erst die Ladeliste kontrollieren", sagt Robert, der schon Erfahrung mit den Ladelisten in dieser Firma hat. Er geht zum Verlader, der an der Tür arbeitet, und gibt ihm die Ladeliste. Der Verlader lädt schnell fünf Kisten in ihren Laster. Robert kontrolliert die Kisten sorgfältig. Alle Kisten haben Nummern von der Ladeliste.

„Die Nummern stimmen. Wir können jetzt gehen", sagt Robert.

„Okay", sagt Bernard und macht den Motor an. „Ich denke, wir können jetzt den Laster waschen. Nicht weit von hier ist ein passender Ort."

Nach fünf Minuten kommen sie an die Küste.

„Willst du den Laster hier waschen?", fragt Robert überrascht.

Robert, surpris.

« Ouais! La place est agréable, n'est ce pas? » dit Bernard.

« Et où va-t-on trouver un seau? » demande Robert.

« Nous n'avons pas besoin d'un seau. Je vais conduire tout près de la mer. Nous allons prendre de l'eau de mer », dit Bernard en conduisant tout près de la mer. Les roues de devant vont dans l'eau et les vagues vont par-dessus.

« Sortons et commençons à nettoyer », dit Robert.

« Attends une minute. Je vais conduire un peu plus près, dit Bernard en conduisant un ou deux mètres plus loin, C'est mieux maintenant ».

Puis une grande vague vient et l'eau soulève un peu le camion et, doucement, le transporte plus loin dans la mer.

« Stop! Bernard, arrête le camion! » crie Robert, « Nous sommes déjà dans l'eau! S'il te plaît, arrête! »

« Ça ne s'arrête pas!! Bernard crie, appuyant le pied sur le frein de toutes ses forces, Je ne peux pas l'arrêter!! »

Doucement, le camion flotte plus loin dans la mer, se jetant dans les vagues comme un petit bateau.

(à suivre)

„Ja! Schöner Platz, nicht?", sagt Bernard.

„Und woher bekommen wir einen Eimer?", fragt Robert.

„Wir brauchen keinen Eimer. Ich fahre ganz nah ans Meer. Wir nehmen das Wasser aus dem Meer", sagt Bernard und fährt ganz nah ans Wasser. Die Vorderräder stehen im Wasser und die Wellen umspülen sie.

„Lass uns aussteigen und anfangen, zu waschen", sagt Robert.

„Warte kurz, ich fahre noch etwas näher ran", sagt Bernard und fährt ein, zwei Meter weiter. „So ist es besser."

Da kommt eine größere Welle und das Wasser hebt den Laster ein bisschen nach oben und trägt ihn langsam weiter ins Meer.

„Stopp! Bernard, halte den Laster an!", ruft Robert. „Wir sind schon im Wasser! Bitte, halte an!"

„Er hält nicht an!", ruft Bernard und tritt mit aller Kraft die Bremse. „Ich kann ihn nicht anhalten."

Der Laster treibt langsam weiter aufs Meer und schaukelt auf den Wellen wie ein kleines Schiff.

(Fortsetzung folgt)

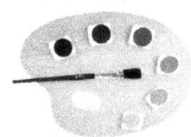

20

Bernard et Robert nettoient le camion (partie 2)
Bernard und Robert waschen den Laster (Teil 2)

A

Mots

1. à l'instant - jetzt
2. accident, un - der Unfall
3. argent, de l'- das Geld
4. avaler - (hinunter)schlucken
5. baleine, une - der Wal; orque, un - der Schwertwal
6. cérémonie, une - die Feier
7. cher (M), chère (F) - liebe
8. constant (M), constante (F) - beständig
9. contrôle, un; test, un - die Kontrolle
10. demain - morgen
11. discours, un - die Rede
12. exemple, un - das Beispiel; par exemple - zum Beispiel
13. il y a (+ Zeit) - vor; il y a un an - vor einem Jahr
14. informer - informieren, mitteilen
15. jamais - nie

16. je fus/j'étais, tu fus/étais, il/elle fut/était, nous fûmes/étions, vous fûtes/étiez, ils/elles furent/étaient - waren
17. Je me demande - ich frage mich
18. je voulus/voulais, tu voulus/voulais, il/elle voulut/voulait, nous voulûmes/voulions, vous voulûtes/vouliez, ils/elles voulurent/voulaient - wollte
19. journaliste, un / une - der Journalist
20. libérer - freisetzen
21. merveilleux (M), merveilleuse (F) - wunderbar
22. mettre le cap - lenken
23. nager, flotter - schwimmen; nageant, flottant - schwimmend
24. nettoyé (M), nettoyée (F) - säuberte
25. nourrir - füttern
26. oiseau, un - der Vogel
27. pétrole, du - das Öl
28. photographe, un/une - der Fotograf
29. photographier/ prendre en photo - fotografieren; photographie, une - die Fotografie
30. pour, pendant - für
31. qui, que, quel - der, die, das *(konj.)*
32. rétablir, guérir, soigner - gesund pflegen; rétablissement, guérison, une - die Genesung, Rehabilitation
33. rire- lachen
34. rivage, le; bord, le - die Küste
35. sauver, secourir - retten
36. se noyer, plonger - sinken, eintauchen
37. se produire - passieren; s'est produit (M), s'est produite (F) - passiert
38. services de secours, les - der Rettungsdienst
39. situation, une - die Situation
40. tanker, un, pétrolier, un - der Tanker
41. vent, le - der Wind
42. vers la / à droite - rechts
43. vers la gauche / à gauche - links
44. vingt-cinq - fünfundzwanzig
45. virer - feuern

Bernard et Robert nettoient le camion (partie 2)

Doucement, le camion flotte plus loin dans la mer, se jetant dans les vagues comme un petit bateau. Bernard met le cap vers la gauche et la droite, mettant le pied sur le frein et l'accélérateur. Mais il n'arrive pas à contrôler le camion. Un vent fort le pousse le long de la côte. Bernard et Robert ne savent pas quoi faire. Ils sont juste là, assis et regardent par la fenêtre. L'eau commence à rentrer à l'intérieur.

« Allons nous asseoir sur le toit », dit Robert.

Bernard und Robert waschen den Laster (Teil 2)

Der Laster treibt langsam weiter aufs Meer und schaukelt auf den Wellen wie ein kleines Schiff. Bernard lenkt nach links und nach rechts, während er auf die Bremse und aufs Gas tritt. Aber er kann den Laster nicht kontrollieren. Ein starker Wind trägt ihn die Küste entlang. Bernard und Robert wissen nicht, was sie tun sollen. Sie sitzen einfach da und schauen aus dem Fenster. Das Meerwasser beginnt, in den Laster zu laufen.

„Lass uns nach draußen gehen und uns aufs Dach

Ils s'asseyent sur le toit.

« Je me demande ce que M. Lucas va dire? » dit Robert.

Le camion flotte doucement à environ vingt mètres du rivage. Des gens sur le rivage s'arrêtent et le regardent, surpris.

« M. Lucas pourrait nous virer », répond Bernard.

Pendant ce temps, le directeur de l'université M. Marchand entre dans son bureau. La secrétaire lui dit qu'une cérémonie va avoir lieu aujourd'hui. Ils vont libérer deux oiseaux après leur rétablissement. Les travailleurs du centre de réhabilitation ont nettoyé le pétrole sur eux après l'accident avec un tanker, le Grand Pollutexxon. L'accident s'est produit il y a un mois. C'est ici que M. Marchand doit faire un discours. La cérémonie va commencer dans vingt-cinq minutes. M. Marchand et sa secrétaire prennent un taxi et en dix minutes ils arrivent sur les lieux de la cérémonie. Ces deux oiseaux y sont déjà. Ils ne sont pas aussi blancs que d'habitude. Mais maintenant, ils peuvent à nouveau nager et voler. Il y a beaucoup de gens, de journalistes, de photographes maintenant. Deux minutes plus tard la cérémonie commence. M. Marchand commence son discours.

« Chers amis! dit-il, L'accident avec le tanker Grand Pollutexxon s'est produit à cet endroit, il y a un mois. Maintenant, nous devons soigner beaucoup d'oiseaux et d'animaux. Cela coûte très cher. Par exemple, la guérison de chacun de ces oiseaux coûte 5000 euros! Je suis enchanté de vous informer que maintenant, après un mois de soins, ces deux merveilleux oiseaux vont être libérés ».

Deux hommes prennent une boîte qui contient les oiseaux, l'amènent à l'eau et l'ouvrent. Les oiseaux sortent de la boîte puis sautent dans l'eau et nagent. Les photographes prennent des photographies. Les journalistes posent des question sur les animaux aux travailleurs du centre de réhabilitation.

Tout à coup, une grande baleine orque sort, avale

setzen", sagt Robert.

Sie setzen sich aufs Dach.

„Ich frage mich, was Herr Lucas sagen wird", sagt Robert.

Der Laster treibt langsam etwa zwanzig Meter von der Küste entfernt. Einige Leute an der Küste bleiben stehen und schauen verwundert.

„Herr Lucas wird uns wohl feuern", antwortet Bernard.

In der Zwischenzeit kommt der Direktor der Universität, Herr Marchand, in sein Büro. Die Sekretärin sagt ihm, dass es heute eine Feier gibt. Sie werden zwei Vögel nach deren Genesung freisetzen. Arbeiter des Rehabilitationszentrums haben sie nach dem Unfall mit dem Tanker Big Pollutexxon von Öl gesäubert. Der Unfall passierte vor einem Monat. Herr Marchand muss dort eine Rede halten. Die Feier beginnt in fünfundzwanzig Minuten.

Herr Marchand und seine Sekretärin nehmen ein Taxi und kommen nach zehn Minuten am Ort der Feier an. Die zwei Vögel sind bereits da. Jetzt sind sie nicht so weiß wie normalerweise. Aber sie können wieder schwimmen und fliegen. Es sind viele Menschen, Journalisten und Fotografen da. Zwei Minuten später beginnt die Feier. Herr Marchand beginnt seine Rede.

„Liebe Freunde", sagt er. „Vor einem Monat passierte an dieser Stelle der Unfall mit dem Tanker Big Pollutexxon. Wir müssen jetzt viele Vögel und Tiere gesund pflegen. Das kostet viel Geld. Die Rehabilitation dieser zwei Vögel zum Beispiel kostet fünftausend Euro. Und es freut mich, Ihnen mitteilen zu können, dass diese zwei wunderbaren Vögel nach einem Monat Rehabilitation freigesetzt werden."

Zwei Männer nehmen die Kiste mit den Vögeln, bringen sie zum Wasser und öffnen sie. Die Vögel kommen aus der Kiste, springen ins Wasser und schwimmen. Die Fotografen machen Fotos. Die Journalisten befragen Arbeiter des Rehabilitationszentrums über die Tiere.

Plötzlich taucht ein großer Schwertwal auf, schluckt schnell die zwei Vögel hinunter und

rapidement ces deux oiseaux et redescent. Tous les gens regardent le lieu où les oiseaux se trouvaient avant. Le directeur de l'université n'en croit pas ses yeux. La baleine orque remonte, cherchant d'autres oiseaux. Comme il n'y a pas d'autres oiseaux ici, elle redescend. M. Marchand doit finir son discours maintenant.

« Ah…, il choisit les mots appropriés, Le merveilleux cours de la vie ne s'arrête jamais. Les animaux les plus grands mangent les plus petits, etc. ah... qu'est ce que c'est que ça? » dit-il, en regardant l'eau. Tous les gens regardent là-bas et voient un grand camion flottant le long du rivage, se jetant sur les vagues comme un bateau. Deux jeunes garçons sont assis dessus, regardant la place de la cérémonie.

« Bonjour M. Marchand, dit Robert, Pourquoi nourrissez-vous des baleines orques avec des oiseaux? »

« Bonjour Robert, répond M. Marchand, Que faites-vous ici les garçons? »

« Nous voulions nettoyer le camion », répond Bernard.

« Je vois », dit M. Marchand. Certaines personnes commencent à apprécier la situation. Ils se mettent à rire.

« Bon, je vais appeler le service de secours maintenant. Ils vont vous sortir de l'eau. Et je veux vous voir demain dans mon bureau », dit le directeur de l'université, appelant les services de secours.

verschwindet wieder. Alle Leute sehen auf die Stelle, an der die Vögel zuvor gewesen waren. Der Direktor der Universität traut seinen Augen nicht. Der Schwertwal taucht wieder auf und sucht nach mehr Vögeln. Da es keine Vögel mehr gibt, verschwindet er wieder. Herr Marchand muss seine Rede beenden.

„Ähm..." Er sucht nach passenden Worten. „Der wundervolle, beständige Fluss des Lebens hört nie auf. Größere Tiere essen kleinere Tiere und so weiter... Ähm... Was ist das?", fragt er aufs Wasser schauend. Alle schauen aufs Wasser und sehen einen großen Laster, der die Küste entlang treibt und auf den Wellen schaukelt wie ein Schiff. Zwei Jungen sitzen auf ihm und schauen zum Platz der Feier.

„Hallo Herr Marchand", sagt Robert. „Warum füttern Sie Schwertwale mit Vögeln?"

„Hallo Robert", antwortet Herr Marchand. „Was macht ihr da, Jungs?"

„Wir wollten den Laster waschen", sagt Bernard.

„Alles klar", sagt Herr Marchand. Einige Leute beginnen, an der Situation ihren Spaß zu haben. Sie fangen an, zu lachen.

„Gut, ich rufe jetzt den Rettungsdienst. Der wird euch aus dem Wasser holen. Und ich möchte euch morgen in meinem Büro sehen", sagt der Direktor der Universität und ruft den Rettungsdienst.

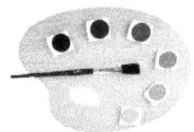

21

Une leçon

Eine Unterrichtsstunde

A

Mots

1. (inf V) + -ais, -ais, -ait, -ions, -iez, -aient - würden; Je nagerais si je le pouvais. - Ich würde schwimen wenn ich konnte.
2. attention - die Aufmerksamkeit
3. autre - noch
4. bonheur, le - das Glück
5. caillou, un; cailloux (PL) - der Stein
6. ce truc - diese Dinge
7. classe, une - die Klasse
8. dépenser - ausgeben, verwenden
9. enfants, les - die Kinder
10. entre - zwischen
11. important (M), importante (F) - wichtig
12. légèrement - leicht
13. médical (M); médicale (F), médicales/médicaux (PL) - medizinisch
14. moins que, moins de - weniger
15. nettoyer/faire avec soin - wegnehmen

16. n'importe quoi, quelque chose - etwas
17. les Parents - die Eltern
18. perdre - verlieren
19. petit (M), petite (F) - klein
20. petit ami, un; copain, un - der Freund
21. petite amie, une / copine, une - die Freundin
22. pot, un - der Krug
23. prendre du/son temps - Zeit zuteilen / finden
24. prendre soin de - sich kümmern um
25. réellement, vraiment - wirklich
26. rester - bleiben
27. sable, le - der Sand
28. sans - ohne
29. santé, la - die Gesundheit
30. seulement, juste - nur
31. télévision, une - der Fernseher
32. test, un; contrôle, un - test
33. toujours, encore - noch, weiterhin, immer
34. truc, un ; chose, une - das Ding, die Sache
35. un moyen - Art und Weise
36. verser - schütten
37. vide - leer

B

Une leçon

Eine Unterrichtsstunde

Le directeur de l'université est debout devant la classe. Devant lui sur la table, il y a des boîtes et d'autres choses. Quand la leçon commence, il prend un grand pot vide et sans un mot le remplit de gros cailloux.

« Pensez-vous que le pot est déjà plein? » demande M. Marchand aux étudiants.

« Oui, il l'est », s'accordent les étudiants.

Puis il prend une boîte avec de très petits cailloux et les verse dans le pot. Il remue légèrement le pot. Les petits cailloux, bien sûr, remplissent l'espace libre entre les gros cailloux.

« Qu'en pensez-vous maintenant? Le pot est déjà plein, n'est ce pas? » M. Marchand leur demande à nouveau.

« Oui, il l'est. Il est plein maintenant », s'accordent les étudiants. Ils commencent à apprécier cette leçon. Ils se mettent à rire.

Puis M. Marchand prend une boîte de sable et la verse dans le pot. Bien sûr, le sable remplit tout

Der Direktor der Universität steht vor der Klasse. Auf dem Tisch vor ihm liegen Kisten und andere Dinge. Als der Unterricht beginnt, nimmt er einen großen, leeren Krug und füllt ihn wortlos mit großen Steinen.

„Meint ihr, dass der Krug schon voll ist?", fragt Herr Marchand die Studenten.

„Ja, das ist er", stimmen die Studenten zu.

Da nimmt er eine Kiste mit sehr kleinen Steinen und schüttet sie in den Krug. Er schüttelt den Krug leicht. Die kleinen Steine füllen natürlich den Platz zwischen den großen Steinen.

„Was meint ihr jetzt? Der Krug ist voll, oder nicht?", fragt Herr Marchand wieder.

„Ja, das ist er. Er ist jetzt voll", stimmen die Studenten wieder zu. Der Unterricht beginnt, ihnen Spaß zu machen. Sie lachen.

Da nimmt Herr Marchand eine Kiste mit Sand

l'espace libre restant.

« Maintenant, je veux que vous pensiez que ce pot est comme la vie de l'homme. Les gros cailloux sont les choses importantes - votre famille, votre petite amie ou votre petit ami, votre santé, vos enfants, vos parents - des choses qui rempliront toujours votre vie même si vous perdiez tout et qu'il ne vous restait plus qu'elles. Les petits cailloux représentent d'autres choses, moins importantes. Ce sont des choses comme votre maison, votre travail, votre voiture. Le sable représente tout le reste - les petites choses. Si vous mettez d'abord du sable dans le pot, il n'y aura pas de place pour les petits ou les gros cailloux. C'est la même chose dans la vie. Si vous dépensez tout votre temps et votre énergie sur les petites choses, vous n'aurez jamais assez d'espace pour les choses qui sont importantes pour vous. Prêtez attention aux choses les plus importantes pour votre bonheur. Jouez avec vos enfants ou vos parents. Prenez le temps de faire des tests médicaux. Amenez votre petite amie ou votre petit ami au café. Il y aura toujours du temps pour aller au travail, nettoyer la maison et regarder la télévision », dit M. Marchand. « Prenez d'abord soin des gros cailloux - les choses qui sont réellement importantes. Tout le reste n'est que du sable », il regarde les étudiants. « Maintenant, Bernard et Robert, quel est le plus important pour vous - nettoyer le camion ou prendre soin de vos vies? Vous flottez sur un camion dans une mer pleine de baleines orques comme sur un bateau juste parce que vous vouliez nettoyer le camion. Pensez-vous qu'il n'y a pas d'autre moyen de le nettoyer? »

« Non, nous ne pensons pas », dit Bernard.

« Vous pouvez laver un camion dans une station de nettoyage, n'est ce pas? » dit M. Marchand.

« Oui, nous le pouvons », disent les étudiants.

« Vous devez toujours réfléchir avant de faire quelque chose. Vous devez toujours prendre soin des gros cailloux, n'est ce pas? »

« Oui, nous le devons », répondent les étudiants.

und schüttet ihn in den Krug. Der Sand füllt natürlich den restlichen Platz.

„Jetzt möchte ich, dass ihr in diesem Krug das Leben seht. Die großen Steine sind wichtige Dinge - eure Familie, eure Freundin oder euer Freund, Gesundheit, Kinder, Eltern - Dinge, die euer Leben, wenn ihr alles verliert und nur sie bleiben, weiterhin füllen. Kleine Steine sind andere Dinge, die weniger wichtig sind. Dinge wie euer Haus, Job, Auto. Der Sand ist alles andere - die kleinen Dinge. Wenn ihr zuerst Sand in den Krug füllt, bleibt kein Platz für kleine oder große Steine. Das Gleiche gilt fürs Leben. Wenn ihr eure ganze Zeit und Energie für die kleinen Dinge verwendet, werdet ihr nie Platz für die Dinge haben, die euch wichtig sind. Achtet auf Dinge, die für euer Glück am wichtigsten sind. Spielt mit euren Kindern oder Eltern. Nehmt euch die Zeit für medizinische Untersuchungen. Geht mit eurer Freundin oder eurem Freund ins Cafè. Es wird immer Zeit bleiben, um zu arbeiten, das Haus zu putzen oder fernzusehen", sagt Herr Marchand. „Kümmert euch erst um die großen Steine - um die Dinge, die wirklich wichtig sind. Alles andere ist nur Sand." Er sieht die Studenten an. „Nun, Robert und Bernard, was ist euch wichtiger - einen Laster zu waschen oder euer Leben? Ihr treibt auf einem Laster im Meer wie auf einem Schiff, nur weil ihr den Laster waschen wolltet. Glaubt ihr, dass es keine andere Möglichkeit gibt, ihn zu waschen?"

„Nein, das glauben wir nicht", sagt Bernard.

„Man kann einen Laster stattdessen in einer Waschanlage waschen, nicht wahr?", sagt Herr Marchand.

„Ja, das kann man", sagen die Studenten.

„Ihr müsst immer erst nachdenken, bevor ihr handelt. Ihr müsst euch immer um die großen Steine kümmern, okay?"

„Ja, das müssen wir", antworten die Studenten.

22

André travaille dans une maison d'edition
André arbeitet in einem Verlag

 A

Mots

1. alors que, depuis - da, weil
2. appeler, téléphoner - anrufen
3. au lieu du/de la/ des - anstelle
4. au moins - wenigstens
5. avoir, recevoir, obtenir - bekommen
6. bip, un; signal, un - der Piepton
7. client, un; cliente, une - der Kunde
8. compétence, une - die Fähigkeit
9. convenir à… - geeignet sein für..
10. coordination, une - die Koordination
11. créatif (M), créative (F) - kreativ
12. créer - entwerfen, verfassen; création, une - der Entwurf, der Text
13. devant (Lage) ; avant (Zeit) - gegen, vor, bevor
14. développer - entwickeln
15. différent (M), différente (F) - verschieden
16. difficile - schwer
17. drôle - lustig
18. en marchant; marche, une, Promenade, une - spazierend; Spaziergang

19. en plein air - draußen
20. enregistrer - aufnehmen
21. escaliers, des - die Treppe
22. etc. - usw.
23. froid (M), froide (F) - kalt; froideur, la - die Kälte
24. futur, le; futur/ future (adj) - zukünftig
25. histoire, une - die Geschichte
26. humain, un - der Mensch; humain (M), humaine (F) - menschlich
27. jeu, un; jeux, des (PL) - das Spiel
28. journal, un; journaux, des (PL) - die Zeitung
29. le plus souvent possible - so oft wie möglich
30. magazine, un - die Zeitschrift
31. monde, le - die Welt
32. nez, un - die Nase
33. noir (M), noire (F) - dunkel, schwarz
34. parler - sich unterhalten
35. particulièrement - vor allem
36. pendant - zu Zeiten
37. personne - niemand
38. pluie, la - der Regen
39. possible - möglich
40. prêt (M); prête (F) - fertig
41. produire - herstellen
42. profession, une - der Beruf
43. Qu'en est-il de…? - was ist mit…?
44. refuser - ablehnen
45. règlement, un - die Regel
46. répondeur, un - der Anrufbeantworter
47. rien - nichts
48. salut - hallo
49. s'assurer - eine Überzeugung gewinnen
50. signifier - bedeuten
51. société, une - die Firma
52. sommeil, un - der Schlaf
53. texte, un - der Text
54. trente - dreißig
55. triste - traurig
56. vendre - verkaufen

B

André travaille dans une maison d'edition

André travaille comme jeune assistant à la maison d'édition Tout-autour Il y fait un travail d'écriture.

« André, notre entreprise s'appelle Tout-autour, dit le chef d'entreprise, M. Vidal, Et cela signifie que nous pouvons créer toutes sortes de textes et de travaux de design pour n'importe quel client. Nous recevons beaucoup de commandes de la part des journaux, des magazines et d'autres clients. Toutes les commandes sont différentes mais nous n'en

André arbeitet in einem Verlag

André arbeitet als junger Helfer im Verlag All-Round. Er erledigt Schreibarbeiten.

„André, unsere Firma heißt All-Round", sagt der Firmenchef Herr Vidal, „Und das heißt, dass wir für jeden Kunden jede Art von Text und Design entwickeln können. Wir bekommen viele Aufträge von Zeitungen, Zeitschriften und anderen Kunden. Alle Aufträge sind verschieden, aber wir lehnen nie einen ab."

refusons jamais ».

André aime beaucoup son travail car il peut développer des compétences créatives. Il apprécie les travaux créatifs comme l'écriture et le design. Étant donné qu'il étudie le design à l'université, ce travail est très approprié pour sa future profession.

Aujourd'hui, M. Vidal a de nouvelles tâches pour lui.

« Nous avons des commandes. Tu peux en faire deux, dit M. Vidal, La première commande vient d'une société de téléphone. Ils produisent des téléphones avec des répondeurs. Ils ont besoin de textes drôles pour les répondeurs. Rien ne se vend mieux que les choses drôles. Crée quatre ou cinq textes, s'il te plaît ».

« De quelle longueur doivent-ils être? » demande André.

« Ils peuvent contenir entre cinq et trente mots, répond M. Vidal, Et la seconde commande vient du magazine ‹ Le monde vert ›. Ce magazine écrit des articles sur les animaux, les oiseaux, les poissons...etc. Ils ont besoin d'un texte sur n'importe quel animal domestique. Il peut être drôle ou triste, ou juste raconter une histoire sur ton propre animal. As-tu un animal? »

« Oui, j'en ai un. J'ai un chat. Il s'appelle Favori, répond André, Et je pense que je peux écrire une histoire sur ses tours de passe-passe. Quand doit-il être prêt? »

« Ces deux commandes doivent être prêtes pour demain », répond M. Vidal.

« D'accord. Puis-je commencer maintenant? » demande André.

« Oui André », dit M. Vidal.

André amène ces textes le jour suivant. Il a cinq textes pour le répondeur. M Vidal les lit:

1. « Salut. Maintenant c'est à vous de parler ».

2. « Bonjour. Je suis un répondeur. Et vous, qu'êtes-vous? »

3. « Salut. Personne n'est à la maison en ce moment mais mon répondeur y est. Donc vous pouvez lui

André mag diesen Job sehr, da er kreative Fähigkeiten entwickeln kann. Kreative Arbeit wie Schreiben und Design gefällt ihm. Da er Design an der Universität studiert, ist es ein passender Job für seinen zukünftigen Beruf.

Heute hat Herr Vidal neue Aufgaben für ihn.

„Wir haben einige Aufträge. Du kannst zwei davon erledigen", sagt Herr Vidal. „Der erste Auftrag ist von einer Telefonfirma. Sie stellen Telefone mit Anrufbeantwortern her. Sie brauchen ein paar lustige Texte für die Anrufbeantworter. Nichts verkauft sich besser als etwas Lustiges. Entwirf bitte vier, fünf Texte."

„Wie lang sollen sie sein?", fragt André.

„Sie können fünf bis dreißig Wörter haben", antwortet Herr Vidal. „Der zweite Auftrag ist von der Zeitschrift ‚Grüne Welt'. Diese Zeitschrift schreibt über Tiere, Vögel, Fische usw. Sie brauchen einen Text über irgendein Haustier. Er kann lustig oder traurig sein oder einfach eine Geschichte über dein eigenes Haustier. Hast du ein Haustier?"

„Ja, ich habe eine Katze. Sie heißt Favorite", antwortet André. „Und ich denke, ich kann eine Geschichte über ihre Streiche schreiben. Wann sollen die Texte fertig sein?"

„Diese zwei Aufträge sollen bis morgen fertig sein", antwortet Herr Vidal.

„Gut. Kann ich anfangen?", fragt André.

„Ja", sagt Herr Vidal.

André bringt die Texte am nächsten Tag. Er hat fünf Texte für den Anrufbeantworter. Herr Vidal liest sie:

1. „Hallo. Jetzt musst du etwas sagen."

2. „Hallo, ich bin ein Anrufbeantworter. Und was bist du?"

3. „Hallo. Außer meinem Anrufbeantworter ist gerade niemand zu Hause. Du kannst dich mit

parler. Attendez le bip sonore ».

4. « Ceci n'est pas un répondeur. Ceci est une machine à enregistrer les pensées. Après le bip sonore, pensez à votre nom, la raison de votre appel et un numéro pour vous rappeler. Et je penserais à vous rappeler ».

5. « Parlez après le bip sonore! Vous avez le droit de garder le silence. J'enregistrerai et j'utiliserai tout ce que vous direz ».

« Ce n'est pas mauvais. Et sur les animaux? » demande M. Vidal. André lui donne un autre morceau de papier. M. Vidal le lit:

Règlement des chats

La marche:

Le plus souvent possible, courez rapidement et le plus près possible devant un humain, particulièrement: dans les escaliers, lorsqu'ils ont quelque chose dans les mains, dans le noir et lorsqu'ils se lèvent le matin. Cela entraînera leur coordination.

Au lit:

La nuit, dormez toujours sur un humain. Ainsi, il ne pourra pas se retourner dans le lit. Essayez de vous allonger sur son visage. Assurez-vous de mettre votre queue sur leur nez.

Le sommeil:

Pour avoir beaucoup d'énergie pour jouer, un chat doit dormir beaucoup (au moins seize heures par jour). Il n'est pas difficile de trouver une place appropriée pour dormir. N'importe quel endroit apprécié par un humain est le bon. Il y a aussi de bons endroits en plein air. Mais vous ne pouvez pas les utiliser quand il pleut ou s'il fait froid. À la place, vous pouvez utiliser les fenêtres ouvertes.

M. Vidal rit.

« Bon travail, André! Je crois que le magazine ‹ Le monde vert › va apprécier ta création », dit-il.

ihm unterhalten. Warte auf den Piepton."

4. *„Das ist kein Anrufbeantworter. Das ist ein Gedankenaufnahmegerät. Nach dem Piepton denke an deinen Namen, den Grund, aus dem du anrufst, und die Nummer, unter der ich dich zurückrufen kann. Und ich werde darüber nachdenken, ob ich dich zurückrufe."*

5. *„Sprechen Sie nach dem Piepton! Sie haben das Recht, Ihre Aussage zu verweigern. Ich werde alles, was Sie sagen, aufzeichnen und verwenden."*

„Nicht schlecht. Und was ist mit den Tieren?", fragt Herr Vidal. André gibt ihm ein anderes Blatt. Herr Vidal liest:

Regeln für Katzen

Laufen:

Renne so oft wie möglich schnell und nahe an einem Menschen vorbei, vor allem: auf Treppen, wenn sie etwas tragen, im Dunkeln und wenn sie morgens aufstehen. Das trainiert ihre Koordination.

Im Bett:

Schlafe nachts immer auf dem Menschen, damit er sich nicht umdrehen kann. Versuche, auf seinem Gesicht zu liegen. Vergewissere dich, dass dein Schwanz genau auf seiner Nase liegt.

Schlafen:

Um genug Energie zum Spielen zu haben, muss eine Katze viel schlafen (mindestens sechzehn Stunden am Tag). Es ist nicht schwer, einen passenden Schlafplatz zu finden. Jeder Platz, an dem ein Mensch gerne sitzt, ist gut. Draußen gibt es auch viele gute Plätze. Du kannst sie aber nicht verwenden, wenn es regnet oder kalt ist. Du kannst stattdessen das offene Fenster verwenden.

Herr Vidal lacht.

„Gute Arbeit, André! Ich denke, die Zeitschrift ‚Grüne Welt' wird deinen Entwurf mögen", sagt er.

23

Le règlement des chats
Katzenregeln

 A

Mots

1. amour, l' - die Liebe, aimer - lieben
2. assiette, une - der Teller
3. avoir, recevoir, obtenir - bekommen
4. bien que / quoi que (+ subj) - obwohl
5. cacher - sich verstecken; caché(e), cache-cache - das Versteckspiel
6. cachette, une - die Abdeckung
7. chance, une - die Chance
8. clavier, un - die Tastatur
9. cuisine, une - das Kochen
10. derrière - hinter
11. devoirs, les - die Hausaufgaben
12. école, une - die Schule
13. embrasser - küssen
14. en lisant - lesende

15. enfant - das Kind
16. faire semblant (de), prétendre - vorgeben; so tun, als ob
17. forcer - zwingen
18. frotter - reiben (sich)
19. invité, un; invitée, une - der Gast
20. jambe, une - das Bein
21. je partis/partais, tu partis/partais, il/elle partit/partait, nous partîmes/partions, vous partîtes/partiez, ils partirent/partaient...en courant - lief weg
22. lecture, une - das Lesen
23. marche, une - der Schritt; marcher sur quelque chose - treten
24. mordre - beißen
25. moustique, un - die Stechmücke
26. mystère, un; énigme, une - das Rätsel
27. n'importe quoi, quelque chose - etwas
28. oublier - vergessen
29. paniquer - in Panik
30. parfois - manchmal, ab und zu
31. plaisir, un - der Spaß
32. planète, une - der Planet
33. près de - gleich
34. regarder - zuschauen
35. repas, un; nourriture, de la - das Essen
36. réussi (M), réussie (F) - schaffen, erfolgreich
37. saison, une - die (Jahres)zeit
38. savoureux (M), savoureuse (F) - lecker
39. secret, un - das Geheimnis
40. temps, le - das Wetter
41. toilettes, les - die Toilette
42. total (M), totale (F) - absolut
43. un peu, peu - wenig
44. voler - stehlen

Le règlement des chats

Katzenregeln

« Le magazine ‹ Un monde Vert › a fait une nouvelle commande », dit M Vidal à André le jour suivant, Et cette commande est pour toi, André. Ils aiment ta création et ils veulent un texte plus long sur ‹ Le règlement des chats › ».

André met deux jours à créer son texte. Le voici.

„Die Zeitschrift ‚Grüne Welt' hat uns einen neuen Auftrag erteilt", sagt Herr Vidal am nächsten Tag zu André. „Und dieser Auftrag ist für dich. Ihnen hat dein Entwurf gefallen und sie wollen einen längeren Text über ‚Katzenregeln'."

André braucht zwei Tage für diesen Text. Hier ist er.

Le règlement secret pour les chats

Geheime Regeln für Katzen

Bien que les chats soient les meilleurs et les plus merveilleux animaux sur cette planète, ils font parfois des choses très étranges. Un homme a réussi à voler certains secrets des chats. Ce sont des règles de vie pour dominer le monde! Mais la

Obwohl Katzen die besten und wundervollsten Tiere auf diesem Planeten sind, tun sie manchmal sehr seltsame Dinge. Einem Menschen ist es gelungen, ein paar Katzengeheimnisse zu stehlen. Es sind Lebensregeln, um die Weltherrschaft zu

manière dont ces règles vont aider les chats reste encore un mystère

La salle de bain:

Suis toujours les invités à la salle de bain et aux toilettes. Tu n'as pas besoin de faire quoi que ce soit. Assieds toi simplement et frottes toi à leurs jambes.

Les portes:

Toutes les portes doivent être ouvertes. Pour qu'une porte s'ouvre, restes là devant un homme avec un air triste. Quand il ouvre une porte, tu n'as pas besoin de la franchir. Une fois que tu as ouvert la porte d'entrée de cette manière, restes devant la porte et réfléchissez. Ceci est particulièrement important quand il fait très froid, ou quand il pleut ou quand c'est la saison des moustiques.

La cuisine:

Assieds toi toujours derrière le pied droit des humains qui cuisinent. Ainsi, ils ne peuvent pas te voir et meilleure est chance qu'il te marche dessus. Quand cela se produit, ils te prennent dans les bras et te donnent quelque chose de savoureux à manger.

Lecture de livres:

Essaie de venir plus près du visage d'un humain qui lit, entre ses yeux et le livre. Le mieux est de s'allonger sur le livre.

Les devoirs d'école des enfants:

Allonge toi sur les livres et les cahiers et fais semblant de dormir. Mais de temps en temps, saute sur le stylo. Mords si un enfant essaye de te chasser de la table.

L'ordinateur:

Si un humain travaille sur un ordinateur, saute sur le bureau et marchez sur le clavier.

La nourriture:

Les chats ont besoin de beaucoup manger. Mais manger n'est que la moitié du plaisir. L'autre moitié consiste à recevoir de la nourriture. Lorsque les humains mangent, mets ta queue dans leur assiette quand ils ne regardent pas.

übernehmen! Es bleibt jedoch ein Rätsel, wie diese Regeln den Katzen helfen sollen.

Badezimmer:

Gehe immer mit Gästen ins Badezimmer und auf die Toilette. Du musst nichts tun. Sitze einfach nur da, sieh sie an und reibe dich ab und zu an ihren Beinen.

Türen:

Alle Türen müssen offen sein. Um eine Tür zu öffnen, stelle dich mit einem traurigen Blick vor den Menschen. Wenn er eine Tür öffnet, musst du nicht durchgehen. Wenn du auf diese Weise die Haustür geöffnet hast, bleibe in der Tür stehen und denke nach. Das ist vor allem wichtig, wenn es sehr kalt ist oder regnet oder in der Stechmückenzeit.

Kochen:

Setze dich immer genau hinter den rechten Fuß von kochenden Menschen. So können sie dich nicht sehen und die Chance ist größer, dass sie auf dich treten. Wenn das passiert, nehmen sie dich auf den Arm und geben dir etwas Leckeres zu essen.

Lesen:

Versuche, nahe an das Gesicht der lesenden Person zu kommen, zwischen Augen und Buch. Am besten ist es, sich auf das Buch zu legen.

Hausaufgaben der Kinder:

Lege dich auf Bücher und Hefte und tue so, als ob du schläfst. Springe von Zeit zu Zeit auf den Stift. Beiße, falls ein Kind versucht, dich vom Tisch zu verscheuchen.

Computer:

Wenn ein Mensch am Computer arbeitet, springe auf den Tisch und laufe über die Tastatur.

Essen:

Katzen müssen viel essen. Aber Essen ist nur der halbe Spaß. Die andere Hälfte ist, das Essen zu bekommen. Wenn Menschen essen, lege deinen Schwanz auf ihren Teller, wenn sie nicht hinsehen.

Meilleure sera alors ta chance d'avoir une assiette pleine de nourriture. Ne manges jamais dans ta propre assiette si tu peux prendre de la nourriture sur la table. Ne bois jamais dans ta propre gamelle si tu peux boire dans la tasse d'un humain.

La cachette:

Cache toi dans des endroits où les humains ne peuvent pas te trouver pendant des jours. Cela fera paniquer les humains (ce qu'ils adorent), pensant que tu t'es enfui. Quand tu sors de ta cachette, les humains vont t'embrasser et te montrer leur amour. Et tu pourrais bien avoir quelque chose de savoureux.

Les humains:

La tâche des humains consiste à nous nourrir, jouer avec nous et nettoyer notre boîte. Il est important qu'ils n'oublient pas qui est le chef à la maison.

Damit vergrößerst du deine Chancen, einen ganzen Teller Essen zu bekommen. Iss nie von deinem eigenen Teller, wenn du Essen vom Tisch nehmen kannst. Trink nie aus deiner eigenen Schüssel, wenn du aus der Tasse eines Menschen trinken kannst.

Verstecken:

Verstecke dich an Orten, an denen dich Menschen ein paar Tage lang nicht finden können. Das wird die Menschen in Panik versetzen (was sie lieben), weil sie glauben, dass du weggelaufen bist. Wenn du aus deinem Versteck hervorkommst, werden sie dich küssen und dir ihre Liebe zeigen. Und du bekommst vielleicht etwas Leckeres.

Menschen:

Die Aufgabe des Menschen ist, uns zu füttern, mit uns zu spielen und unsere Kiste sauber zu machen. Es ist wichtig, dass sie nicht vergessen, wer der Chef im Haus ist.

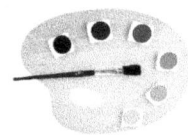

24

Un travail d'equipe

Gruppenarbeit

A

Mots

1. abandonner - aufgeben
2. avant de faire (quelque chose) - zuvor
3. beau (M), belle (F), beaux, belles (PL) - wunderschön
4. bientôt - bald
5. capitaine, un - der Kapitän
6. central, centraux (M), centrale, centrales(F) - Haupt-, zentral
7. collègue, un/une - der Kollege
8. comme si - als ob
9. continuer - fortführen
10. contre - gegen
11. court (M), courte (F) - kurz
12. danser - tanzen; dansait, avait dansé - tanzte; dansant - tanzend
13. détruire - zerstören
14. détruit - zerstören
15. enseigner - beibringen, lehren
16. espace, l' - das Weltall
17. être/devenir reconnaissant - froh werden
18. extra-terrestre, un - der Außerirdische
19. fleur, une - die Blume

20. fonctionnel - arbeitende

21. guerre, la - der Krieg

22. j'aimai/aimais, tu aimas/aimais, il aima/aimait, nous aimâmes/aimions, vous aimâtes/aimiez, ils aimèrent/aimaient - liebte, geliebt

23. j'allumai/j'allumais, tu allumas/allumais, il/elle alluma allumait, nous allumâmes/allumions, vous allumâtes/allumiez, ils/elles allumèrent/allumaient - machte an

24. jardin, un- der Garten

25. j'arrêtai/j'arrêtais; tu arrêtas/tu arrêtais; il arrêta/arrêtait; nous arrêtâmes/arrêtions; vous arrêtâtes/arrêtiez; ils/elles arrêtèrent/arrêtaient - beendete

26. je bougeai/bougeais, tu bougeas/bougeais, il/elle bougea/bougeait, nous bougeâmes/bougions, vous bougeâtes/bougiez, ils/elles bougèrent/bougeaient - bewegte sich

27. je commençai/commençais; tu commenças/commençais; il/elle commença/commençait; nous commençâmes/commencions; vous commençâtes/commenciez; ils/elles commencèrent/commençaient - begann, begonnen

28. je dis/disais; tu dis/disais; il dit/disait; nous dîmes/disions; vous dîtes/disiez; ils/elles dirent/disaient - sagte

29. je me souvins/souvenais, tu te souvins/souvenais, il/elle se souvint/souvenait, nous nous souvînmes/souvenions, vous vous souvîntes/souveniez, ils/elles se souvinrent/souvenaient - erinnerte sich

30. je m'envolai/m'envolais; tu t'envolas/t'envolais; il/elle s'envola/s'envolait; nous nous envolâmes/envolions; vous vous envolâtes/envoliez; ils/elles s'envolèrent/s'envolaient - flog weg

31. je partis/partais; tu partis/partais; il/elle partit/partait; nous partîmes/partions; vous partîtes/partiez; ils/elles partirent/partaient - ging (weg)

32. je regardai/regardais; tu regardas/regardais; il regarda/regardait; nous regardâmes/regardions; vous regardâtes/regardiez; ils/elles regardèrent/regardaient - sah, schaute, geschaut

33. je souriai/souriais; tu souris/souriais; il/elle souria/souriait; nous souriâmes/souriions; vous souriâtes/souriiez; ils/elles sourièrent/souriaient - lächelte, gelächelt

34. je sus/savais, tu sus/savais, il/elle sut/savait, nous sûmes/savions, vous sûtes/saviez, ils/elles surent/savaient - wusste

35. je terminai/terminais, tu terminas/terminais, il/elle termina/terminait, nous terminâmes/terminions, vous terminâtes/terminiez, ils/elles terminèrent/terminaient - machte fertig

36. je tuai/tuais; tu tuas/tuais; il/elle tua/tuait; nous tuâmes/tuiions; vous tuâtes/tuiiez; ils/elles tuèrent/tuaient - tötete, getötet *(part.)*

37. je vins/venais; tu vins/venais; il/elle vint/venait; nous vînment/venions; vous vîntes/veniez; ils/elles vinrent- kam, gekommen

38. j'entendis/j'entendais; tu entendis/entendais; il/elle entendit/entendait; nous entendîmes/entendions; vous entendîtes/entendiez; ils entendirent/entendaient - hörte, gehört

39. j'eus/j'avais, tu eus/avais, il/elle eut/avait, nous eûmes/avions, vous eûtes/aviez, ils/elles eurent/avaient - hatte, gehabt

40. j'informai/j'informais; tu informas/informais; il/elle informa/informait; nous informâmes/informions; vous informâtes/informiez; ils/elles informèrent/informaient - informierte, teilte mit

41. jusqu'à - bis, zu

42. laser, un - der Laser

43. l'un d'entre - jeder
44. mille - tausend
45. billions - Billionen
46. mourir - sterben, je mourus/remuais; tu mourus/mourais; il/elle mourut/mourait; nous mourûmes/mourions; vous mourûtes/mouriiez; ils/elles moururent/mouraient - starb
47. pointait vers - richtete
48. poste de télévision, un - der Fernseher
49. prendre part - teilnehmen
50. radar, un - der Radar
51. radio, une - das Radio
52. série, une - die Serie
53. terre, la - die Erde
54. tomber - fallen
55. vaisseau spatial, un; vaisseaux spatiaux, des - das Raumschiff

B

Un travail d'equipe

Bernard veut être journaliste. Il étudie à l'université. Aujourd'hui, il a un cours d'écriture. M Marchand enseigne l'écriture d'articles aux étudiants.

« Chers amis, dit-il, certains d'entre vous vont travailler pour des maisons d'édition, des journaux ou des magazines, la radio ou la télévision. Cela signifie que vous allez travailler en équipe. Travailler en équipe n'est pas simple. Maintenant, je souhaite que vous écriviez un texte journalistique en équipe. J'ai besoin d'un garçon et d'une fille ».

Beaucoup d'étudiants veulent prendre part au travail en équipe. M Marchand choisit Bernard et Caroline. Caroline vient d'Espagne mais elle sait très bien parler français.

« S'il vous plaît, asseyez-vous à cette table. Maintenant, vous êtes collègues, leur dit M Marchand, Vous allez écrire un texte court. L'un d'entre vous va commercer le texte puis le donner à son collègue. Votre collègue va lire le texte et le continuer. Puis rendez le à votre collègue et le premier va le lire et le continuer. Et ainsi de suite jusqu'à ce que votre temps soit écoulé. Je vous donne vingt minutes ».

M Marchand leur donne du papier et Caroline

Gruppenarbeit

Bernard will Journalist werden. Er studiert an der Universität. Heute hat er einen Schreibkurs. Herr Marchand bringt den Studenten bei, Artikel zu schreiben.

„Liebe Freunde", sagt er, „ein paar von euch werden für Verlage, Zeitungen oder Zeitschriften, das Radio oder das Fernsehen arbeiten. Das bedeutet, dass ihr in einer Gruppe arbeiten werdet. Es ist nicht einfach, in einer Gruppe zu arbeiten. Ich möchte, dass ihr jetzt versucht, in einer Gruppe einen journalistischen Text zu schreiben. Ich brauche einen Jungen und ein Mädchen."

Viele Studenten wollen bei der Gruppenarbeit mitmachen. Herr Marchand wählt Bernard und Caroline. Caroline kommt aus Spanien, aber sie spricht sehr gut Französisch.

„Setzt auch bitte an diesen Tisch. Ihr seid jetzt Kollegen", sagt Herr Marchand zu ihnen. „Ihr werdet einen kurzen Text schreiben. Einer von euch beginnt den Text und gibt ihn dann seinem Kollegen. Der Kollege liest den Text und führt ihn fort. Dann gibt euer Kollege ihn zurück, der Erste liest ihn und führt ihn fort. Und so weiter, bis die Zeit vorbei ist. Ihr habt zwanzig Minuten."

Herr Marchand gibt ihnen Papier, und Caroline

commence. Elle réfléchit un peu puis écrit.

Une création en equipe

Caroline: Julie regardait par la fenêtre. Les fleurs de son jardin remuaient au vent comme si elles dansaient. Elle se souvint de cette soirée où elle avait dansé avec Martin. C'était il y a un an mais elle se souvenait de tout - ses yeux bleus, son sourire et sa voix. Ca avait été un très bon moment mais c'était fini. Pourquoi n'était-il pas avec elle?

Bernard: À ce moment, le capitaine de l'espace Martin Baron était dans le vaisseau spatial l'Étoile Blanche. Il avait une mission importante et il n'avait pas le temps de penser à cette fille idiote avec qui il avait dansé il y a un an. Il pointa rapidement les lasers de l'Étoile Blanche vers les vaisseaux spatiaux. Puis il alluma la radio et parla aux extra-terrestres: « Je vous donne une heure pour abandonner. Si dans une heure vous n'abandonnez pas, je vais vous détruire ».

Mais avant qu'il ne finisse, un laser extra-terrestre percuta le moteur gauche de l'Étoile Blanche. Le laser de Martin commença à tirer sur les vaisseaux spatiaux extra-terrestres et en même temps il alluma la centrale et le moteur de droite. Le laser extra-terrestre détruisit le moteur de droite encore fonctionnel et l'Étoile Blanche fut fortement secoué. Martin tomba par terre, se demandant pendant la chute lequel des vaisseaux spatiaux extra-terrestres il devrait détruire en premier.

Caroline: Mais il se tapa la tête sur le sol l et mourut immédiatement. Mais avant de mourir, il se souvint de la pauvre jolie fille qui l'aimait et il fut désolé de l'avoir abandonnée. Bientôt les gens arrêtèrent cette guerre stupide avec les pauvres extra-terrestres. Ils détruisirent tous leurs vaisseaux spatiaux et leurs lasers et informèrent les extra-terrestres que les gens ne leur feraient plus jamais la guerre. Les gens disaient qu'ils voulaient être amis avec les extra-terrestres. Julie fut très contente lorsqu'elle l'apprit. Puis elle alluma le poste de télévision et continua à regarder une merveilleuse série allemande.

Bernard: Parce que les gens avaient détruit leurs

fängt an. Sie denkt kurz nach und schreibt dann.

Gruppenarbeit

Caroline: Julia sah aus dem Fenster. Die Blumen in ihrem Garten bewegten sich im Wind, als ob sie tanzten. Sie erinnerte sich an den Abend, an dem sie mit Martin getanzt hatte. Das war vor einem Jahr gewesen, aber sie erinnerte sich an alles - seine blauen Augen, sein Lächeln, seine Stimme. Es war eine glückliche Zeit für sie gewesen, aber sie war nun vorbei. Warum war er nicht bei ihr?

Bernard: Zu dieser Zeit war Raumschiffkapitän Martin Baron in seinem Raumschiff White Star. Er hatte eine wichtige Mission und keine Zeit, über dieses dumme Mädchen, mit dem er vor einem Jahr getanzt hatte, nachzudenken. Schnell richtete er den Laser der White Star auf die Raumschiffe Außerirdischer. Dann stellte er das Funkgerät an und sprach zu den Außerirdischen: „Ihr habt eine Stunde, um aufzugeben. Wenn ihr in einer Stunde nicht aufgebt, werde ich euch zerstören." Kurz bevor er seine Rede beendet hatte, traf jedoch ein Laser der Außerirdischen den linken Motor der White Star. Martins Laser begann, auf die Raumschiffe der Außerirdischen zu schießen, und gleichzeitig schaltete Martin den Hauptmotor und den rechten Motor an. Der Laser der Außerirdischen zerstörte den funktionierenden rechten Motor, und die White Star wackelte stark. Martin fiel auf den Boden und überlegte währenddessen, welches der Raumschiffe der Außerirdischen er zuerst zerstören musste.

Caroline: Aber er schlug mit seinem Kopf auf dem metallenen Boden auf und war sofort tot. Bevor er starb, dachte er noch an das arme schöne Mädchen, das ihn liebte, und es tat ihm sehr leid, dass er es verlassen hatte. Kurz darauf beendeten die Menschen den dummen Krieg gegen die armen Außerirdischen. Sie zerstörten all ihre eigenen Raumschiffe und Laser und teilten den Außerirdischen mit, dass die Menschen nie wieder einen Krieg gegen sie beginnen würden. Die Menschen sagten, sie wollten Freunde der Außerirdischen sein. Julia war sehr froh, als sie davon hörte. Dann machte sie den Fernseher an und schaute eine tolle deutsche Serie weiter.

Bernard: Da die Menschen ihre eigenen Radare

propres radars et lasers, personne ne sut que les vaisseaux spatiaux des extra-terrestres s'approchaient très près de la terre. Des milliers de lasers extra-terrestres percutèrent la terre et tuèrent la pauvre et idiote Julie et cinq milliards de gens en une seconde. La terre était détruite et ses morceaux s'envolèrent dans l'espace.

« Je vois que vous êtes arrivés à la fin avant que votre temps ne soit terminé, sourit M Marchand, Bon, la leçon est terminée. Nous lirons le texte en équipe à la prochaine leçon, et nous en discuterons ».

und Laser zerstört hatten, wusste niemand, dass Raumschiffe der Außerirdischen der Erde sehr nahe kamen. Tausende Laser der Außerirdischen trafen die Erde und töten die arme, dumme Julia und fünf Billionen Menschen in einer Sekunde. Die Erde war zerstört, und ihre Teile flogen in den Weltraum hinaus.

„Wie ich sehe, habt ihr euren Text fertig, bevor die Zeit um ist", sagte Herr Marchand lächelnd. „Gut, der Unterricht ist vorbei. Lasst uns das nächste Mal diese Gruppenarbeit lesen und darüber sprechen."

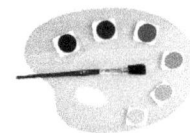

25

Robert et Bernard cherchent un nouvel emploi
Robert und Bernard suchen einen neuen Job

A

Mots

1. accueillir - grüssen
2. âge, un - das Alter
3. analyse, une - die Analyse
4. animal, un - das Tier
5. art, un - die Kunst
6. artiste, un/une - der Künstler
7. avant, devant - bevor
8. cabinet de conseil, un - die Beratung
9. chaton, un - das Kätzchen
10. chiot, un - der Welpe
11. dirigeant, un - der Führer
12. docteur, un - der Arzt
13. écrivain, un - der Schriftsteller
14. épagneul, un - der Spaniel
15. estimer - beurteilen
16. fermier, un - der Bauer
17. genre, un; type, un - Art, Typ
18. haut - laut
19. idée, une - die Idee
20. ingenieur, un - der Ingenieur
21. je trouvai/trouvais; tu trouvas/trouvais; il/elle trouva/trouvait; nous

trouvâmes/trouvions; vous trouvâtes/trouviez; ils/elles trouvèrent/trouvaient- gefunden

22. méthode, une - die Methode
23. monotone - monoton
24. nature, la - die Natur
25. nourriture, de la - das Lebensmittel
26. pendant - während
27. permettre, autoriser - erlauben, gestatten
28. personnel - persönlich
29. petites annonces, les - das Inserat
30. programmateur, un - der Programmierer
31. questionnaire, un - der Fragebogen
32. rat, un - die Ratte
33. recommander - empfehlen; recommandation, une - die Empfehlung
34. récompense, une - die Entlohnung
35. rêve, un - der Traum; rêver - träumen
36. rubrique, une - die Rubrik
37. rusé - schlau
38. sale - dreckig
39. servir - bedienen
40. s'opposer - dagegen sein, protestieren
41. talent, un - die Begabung
42. tapis, un - der Teppich
43. tourner - durchblättern
44. traducteur, un - der Übersetzer
45. vétérinaire, un - der Tierarzt
46. voisin, un - der Nachbar
47. voyager - reisen

B

Robert et Bernard cherchent un nouvel emploi

Robert und Bernard suchen einen neuen Job

Robert et Bernard sont dans la maison de Bernard. Bernard nettoie la table après le petit-déjeuner et Robert lit des publicités et des petites annonces dans un journal. Il lit la rubrique des ‹ Animaux ›. La sœur de Bernard, Anne, est aussi dans la pièce. Elle essaye d'attraper le chat qui se cache sous le lit.

« Il y a tellement d'animaux gratuits dans le journal. Je pense que je vais choisir un chat ou un chien. Bernard, qu'en penses-tu? » demande Robert à Bernard.

« Anne, n'embête pas le chat!, dit Bernard avec colère, Hé bien, Robert, ce n'est pas une mauvaise idée. Ton animal t'attendra toujours à la maison et sera si content lorsque tu rentres chez toi et lui donne de la nourriture. Et n'oublie pas que tu devras aller promener ton animal matin et soir ou

Robert und Bernard sind bei Bernard zu Hause. Bernard macht den Tisch nach dem Frühstück sauber, und Robert liest Anzeigen und Inserate in der Zeitung. Er liest die Rubrik ‚Tiere'. Bernards Schwester Anne ist auch im Zimmer. Sie versucht, die Katze, die sich unterm Bett versteckt, zu fangen.

„Es gibt so viele kostenlose Tiere in der Zeitung. Ich denke, ich werde mir eine Katze oder einen Hund aussuchen. Was meinst du, Bernard?", fragt Robert.

„Anne, hör auf, die Katze zu ärgern", sagt Bernard wütend. „Na ja, Robert, das ist keine schlechte Idee. Dein Haustier wartet immer zu Hause auf dich und ist so glücklich, wenn du nach Hause kommst und ihm Futter gibst. Und vergiss nicht, dass du morgens und abends mit

nettoyer sa boîte. Parfois tu devras nettoyer le sol ou amener ton animal chez le vétérinaire. Réfléchis, donc, avant de prendre un animal ».

« Bon, il y a des petites annonces ici. Écoute », dit Robert en commençant à lire tout haut:

« J'ai trouvé un chien blanc sale, il ressemble à un rat, il a surement vécu longtemps dans la rue. Je m'en débarrasse contre de l'argent ».

En voici une de plus:

« Berger Allemand parlant allemand. Don gratuit. Et des chiots gratuits, mi-épagneul mi-chien de voisin rusé ».

Robert regarde Bernard: « Comment un chien peut-il parler allemand? »

« Un chien peut comprendre l'allemand. Comprends-tu l'allemand? » demande Bernard en souriant.

« Je comprends l'allemand. Écoute, voici une autre petite annonce:

Donne chatons de ferme gratuits. Prêts à manger. Ils mangeront n'importe quoi ».

Robert tourne les pages du journal. « Bon, je crois que les animaux peuvent attendre. Je ferais mieux de chercher un travail ». Il trouve la rubrique des emplois et lit tout haut:

« Cherchez-vous un emploi qui vous convienne ? Le cabinet de conseil ‹ Le personnel qui vous convient › peut vous aider. Nos consultants estimeront vos talents personnels et vous recommanderons sur la profession la plus appropriée ».

Robert regarde en l'air et dit: « Bernard, qu'en penses-tu? »

« Pour vous, le meilleur travail consiste à nettoyer un camion dans la mer et de à faire flotter », dit Anne en courant rapidement en dehors de la chambre.

« Ce n'est pas une mauvaise idée. Maintenant, allons-y », répond Bernard, sortant soigneusement le chat en dehors de la bouilloire, là où Anne a mis le chat il y a une minute.

Robert et Bernard arrivent en vélo au cabinet de

deinem Tier Gassi gehen oder seine Kiste sauber machen musst. Manchmal musst du den Boden putzen oder mit dem Tier zum Tierarzt gehen. Also, denk gut darüber nach, bevor du dir ein Haustier anschaffst."

„Also, hier sind ein paar Anzeigen. Hör zu", sagt Robert und beginnt, laut vorzulesen:

„Habe einen dreckigen, weißen Hund gefunden, sieht aus wie eine Ratte. Hat vielleicht lange auf der Straße gelebt. Ich gebe ihn für Geld her.

Und hier noch eine:

Deutscher Hund, spricht Deutsch. Gebe ihn kostenlos ab. Und kostenlose Welpen, halb Spaniel, halb schlauer Nachbarshund."

Robert sieht Bernard an: „Wie kann ein Hund Deutsch sprechen?"

„Ein Hund kann Deutsch verstehen. Verstehst du Deutsch?", fragt Bernard grinsend.

„Ich verstehe Deutsch. Hör zu, hier ist noch eine Anzeige:

Gebe kostenlos Kätzchen vom Bauernhof her. Fertig zum Essen. Sie essen alles."

Robert blättert die Zeitung um. „Na gut, ich denke, Tiere können warten. Ich suche besser einen Job." Er findet die Stellenanzeigen und liest laut:

„Suchen Sie nach einem passenden Job? Die Arbeitsvermittlung ‚Passende Mitarbeiter' kann Ihnen helfen. Unsere Berater beurteilen Ihre persönliche Begabung und erstellen Ihnen eine Empfehlung für den passendsten Beruf."

Robert sieht auf und sagt: „Was meinst du, Bernard?"

„Der beste Job für euch ist, einen Laster im Meer zu waschen und ihn wegschwimmen zu lassen", sagt Anne und rennt dann schnell aus dem Zimmer.

„Keine schlechte Idee. Lass uns gleich gehen", antwortet Bernard und holt vorsichtig die Katze aus dem Kessel, in den Anne sie kurz zuvor gelegt hatte.

Robert und Bernard fahren mit dem Fahrrad zur

conseil « Le personnel qui vous convient ». Comme il n'y a pas la queue, ils rentrent. Il y a deux femmes. L'une d'elles parle au téléphone. Une autre femme écrit quelque chose. Elle demande à Robert et à Bernard de prendre un siège. Elle s'appelle Diane Picard. Elle leur demande leurs noms et leurs âges.

« Bon, laissez-moi vous expliquer la méthode que nous utilisons. Regardez, il y a cinq types de professions.

Le premier type est l'homme - nature. Professions: fermier, travailleur au zoo... etc.

Le second type est l'homme - machine. Professions: pilote, chauffeur de taxi, conducteur de camion... etc.

Le troisième type est l'homme - homme. Professions: docteur, enseignant, journaliste... etc.

Le quatrième type est l'homme - ordinateur. Professions: traducteur, ingénieur, programmateur... etc.

Le cinquième type est l'homme - art. Professions: écrivain, artiste, chanteur... etc.

Nous vous recommanderons l'emploi qui vous convient seulement quand nous en apprendrons plus sur vous. Premièrement, laissez-moi estimer vos talents personnels. Je dois savoir ce que vous aimez et ce que vous n'aimez pas. Ensuite, nous saurons quel type de profession vous convient le mieux. S'il vous plaît, remplissez le questionnaire maintenant », dit Mme Picard qui leur donne les questionnaires. Bernard et Robert remplissent le questionnaire.

Questionnaire

Nom: Bernard Legrand

Regarder des machines - Cela ne me dérange pas

Parler avec des gens - J'aime

Servir des clients - Cela ne me dérange pas

Conduire des voitures, des camions - J'aime

Travailler à l'intérieur - J'aime

Travailler à l'extérieur - J'aime

Arbeitsvermittlung ‚Passende Mitarbeiter'. Es gibt keine Schlange und sie gehen hinein. Zwei Frauen sind da. Eine von ihnen telefoniert. Die andere schreibt etwas. Sie bittet Robert und Bernard, Platz zu nehmen. Sie heißt Frau Diane Picard. Sie fragt sie nach ihren Namen und ihrem Alter.

„Gut, lasst mich euch die Methode, nach der wir arbeiten, erklären. Seht, es gibt fünf Berufskategorien:

Die Erste ist Mensch - Natur. Berufe: Bauer, Tierpfleger usw.

Die Zweite ist Mensch - Maschine. Berufe: Pilot, Taxifahrer, Lastwagenfahrer usw.

Die Dritte ist Mensch - Mensch. Berufe: Arzt, Lehrer, Journalist usw.

Die Vierte ist Mensch - Computer. Berufe: Übersetzer, Ingenieur, Programmierer usw.

Die Fünfte ist Mensch - Kunst. Berufe: Schriftsteller, Künstler, Sänger usw.

Wir erstellen Empfehlungen für passende Berufe erst, wenn wir euch besser kennengelernt haben. Lasst mich zuerst eure persönlichen Begabungen beurteilen. Ich muss wissen, was ihr mögt und was ihr nicht mögt. Dann wissen wir, welcher Beruf am besten zu euch passt. Füllt jetzt bitte den Fragebogen aus", sagt Frau Picard und gibt ihnen die Fragebögen. Bernard und Robert füllen die Fragebögen aus.

Fragebogen

Name: Bernard Legrand

Maschinen beobachten - Habe ich nichts dagegen

Mit Menschen sprechen - Mag ich

Kunden bedienen - Habe ich nichts dagegen

Autos, Lastwagen fahren - Mag ich

Im Büro arbeiten - Mag ich

Draußen arbeiten - Mag ich

Mir viel merken - Habe ich nichts dagegen

Reisen - Mag ich

Beaucoup mémoriser - Cela ne me dérange pas

Voyager - J'aime

Estimer, vérifier - Je déteste

Le travail sale - Cela ne me dérange pas

Le travail monotone - Je déteste

Le travail difficile - Cela ne me dérange pas

Être un dirigeant - Cela ne me dérange pas

Travailler en équipe - Cela ne me dérange pas

Rêver en travaillant - J'aime

S'entraîner - Cela ne me dérange pas

Le travail créatif - J'aime

Travailler sur des textes - J'aime

Questionnaire
Nom: Robert Genscher

Regarder des machines - Cela ne me dérange pas

Parler avec des gens - J'aime

Servir des clients - Cela ne me dérange pas

Conduire des voitures, des camions - Cela ne me dérange pas

Travailler à l'intérieur - J'aime

Travailler à l'extérieur - J'aime

Beaucoup mémoriser - Cela ne me dérange pas

Voyager - J'aime

Estimer, vérifier - Cela ne me dérange pas

Le travail sale - Cela ne me dérange pas

Le travail monotone - Je déteste

Le travail difficile - Cela ne me dérange pas

Être un dirigeant - Je déteste

Travailler en équipe - J'aime

Rêver en travaillant - J'aime

S'entraîner - Cela ne me dérange pas

Le travail créatif - J'aime

Travailler sur des textes - J'aime

Bewerten, kontrollieren - Hasse ich

Dreckige Arbeit - Habe ich nichts dagegen

Monotone Arbeit - Hasse ich

Schwere Arbeit - Habe ich nichts dagegen

Führer sein - Habe ich nichts dagegen

In der Gruppe arbeiten - Habe ich nichts dagegen

Während der Arbeit träumen - Mag ich

Trainieren - Habe ich nichts dagegen

Kreative Arbeit - Mag ich

Mit Texten arbeiten - Mag ich

Fragebogen
Name: Robert Genscher

Maschinen beobachten - Habe ich nichts dagegen

Mit Menschen sprechen - Mag ich

Kunden bedienen - Habe ich nichts dagegen

Autos, Lastwagen fahren - Habe ich nichts dagegen

Im Büro arbeiten - Mag ich

Draußen arbeiten - Mag ich

Mir viel merken - Habe ich nichts dagegen

Reisen - Mag ich

Bewerten, kontrollieren - Habe ich nichts dagegen

Dreckige Arbeit - Habe ich nichts dagegen

Monotone Arbeit - Hasse ich

Schwere Arbeit - Habe ich nichts dagegen

Führer sein - Hasse ich

In der Gruppe arbeiten - Mag ich

Während der Arbeit träumen - Mag ich

Trainieren - Habe ich nichts dagegen

Kreative Arbeit - Mag ich

Mit Texten arbeiten - Mag ich.

26

Postuler au journal « Les nouvelles de Bordeaux »
Bewerbung bei der Zeitung „Les nouvelles de Bordeaux"

A

Mots

1. accompagner - begleiten
2. arranger - einrichten
3. astérisque, un - das Sternchen
4. au revoir - auf wiedersehen
5. champ, un - das Feld
6. compétences - die Fertigkeit(en)
7. couramment - fließend
8. criminel - kriminell, criminel, un - der Verbrecher
9. deuxième prénom - der Vatersname, der zweite Name
10. dix-sept - siebzehn
11. éditeur, un - der Herausgeber, der Redakteur
12. éducation, l' la formation - die Ausbildung
13. féminin - weiblich
14. finance, la - die Finanzwissenschaft
15. formulaire, un - das Formular
16. information, une - die Information, die Angabe
17. j'appris/apprenais; tu appris/apprenais; il/elle apprit/apprenait; nous apprîmes/apprenions; vous apprîtes/appreniez; ils/elles apprirent/apprenaient (quelque chose) - kennengelernt über..
18. j'arrivai/arrivais; tu arrivas/arrivais; il/elle arriva/arrivait; nous arrivâmes/arrivions; vous arrivâtes/arriviez; ils/elles arrivèrent/arrivaient - angekommen

19. je demandai/demandais; tu demandas/demandais; il/elle demanda/demandait; nous demandâmes/demandions; vous demandâtes/demandiez; ils/elles demandèrent/demandaient - fragte, gefragt

20. je donnai/donnais; tu donnas/donnais; il/elle donna/donnait; nous donnâmes/donnions; vous donnâtes/donniez; ils/elles donnèrent/donnaient - gab

21. je pris/prenais; tu pris/prenais; il/elle prit/prenait; nous prîmes/prenions; vous prîtes/preniez; ils/elles prirent/prenaient - nahm

22. je pus/pouvais; tu pus/pouvrais; il/elle put/pouvait; nous pûmes/pouvions; vous pûtes/pouviez; ils/elles purent/pouvaient - könnte

23. je recommandai/recommandais; tu recommandas/recommandais; il/elle recommanda/recommandait; nous recommandâmes/recommandions; vous recommandâtes/recommandiez; ils/elles recommandèrent/recommandaient - empfiehl

24. je travaillai/travaillais; tu travaillas/travaillais; il/elle travailla/travaillait; nous travaillâmes/travaillions; vous travaillâtes/travailliez; ils/elles travaillèrent/travaillaient - arbeitete, gearbeitet

25. j'estimai/estimais; tu estimas/estimais; il/elle estima/estimait; nous estimâmes/estimions; vous estimâtes/estimiez; ils/elles estimèrent/estimaient - ausgewertet

26. marié - verheitatet (ein Mann); mariée - verheitatet (eine Frau)
27. masculin - männlich
28. nationalité, une - die Nationalität
29. partir - verlassen
30. patrouille, une – die Patrouille, die Streife
31. police, la - die Polizei
32. postuler à - sich bewerben
33. quitter - verlassen
34. remplir, compléter - ausfüllen
35. reporter - berichten; reporter, un - der Reporter
36. semaine, une - die Woche
37. sexe, un - das Geschlecht
38. souligner - unterstreichen
39. statut, un - der Stand; statut familial - der Familienstand
40. travail à mi-temps - die Teilzeitarbeit
41. travail à temps complet, un - Vollzeitarbeit
42. unique, célibataire - ledig
43. vide - leer
44. vingt-et-un - einundzwanzig
45. voiture, une - das Auto

 B

Postuler au journal « Les nouvelles de Bordeaux »

Mme Picard estimait les réponses de Bernard et de Robert dans leurs questionnaires. Quand elle en apprit plus sur leurs talents personnels, elle put leur donner des recommandations sur des professions

Bewerbung bei der Zeitung „Les nouvelles de Bordeaux"

Frau Picard wertete Bernards und Roberts Antworten im Fragebogen aus. Indem sie ihre persönlichen Begabungen kennenlernte, konnte sie ihnen Empfehlungen für passende Berufe

appropriées. Elle dit que le troisième type de profession était celui qui était le plus approprié pour eux. Ils pourraient travailler comme docteur, enseignant ou journaliste, etc. Mme Picard leur recommanda de postuler à au journal « Les nouvelles de Bordeaux ». Ils proposaient du travail à mi-temps aux étudiants qui pourraient créer des rapports de police pour la rubrique criminelle. Alors Robert et Bernard allèrent au service du personnel du journal « Les nouvelles de Bordeaux » et postulèrent pour ce travail.

« Aujourd'hui, nous avons été au cabinet de conseil pour l'emploi ‹ Le personnel qui vous convient ›, dit Bernard à Mme Hubert, qui était chef de service du personnel, Ils nous ont conseillé de postuler à votre journal ».

« Bien, avez-vous déjà travaillé avant comme reporter? » demanda Mme Hubert.

« Non, jamais », répondit Bernard.

« S'il vous plaît, remplissez les formulaires d'informations personnelles », dit Mme Hubert en leur donnant deux formulaires. Robert et Bernard remplirent les formulaires d'informations personnelles.

Formulaire d'Informations Personnelles

*Vous devez remplir tous les champs avec des astérisques *. Vous pouvez laisser les autres champs vides.*

Prénom*... Bernard

Deuxième prénom...

Nom de famille*... Legrand

Sexe*... (souligner) <u>Masculin</u> Féminin

Age*... Vingt ans

Nationalité*... Française

Statut familial... (souligner) <u>Célibataire</u> Marié

Adresse*... 11 rue Malbec, Bordeaux

Éducation... J'ai étudié le journalisme en troisième année d'université

Où avez-vous travaillé avant?... J'ai travaillé deux mois comme fermier

geben. Sie sagte, dass die dritte Berufskategorie am besten zu ihnen passte. Sie könnten als Arzt, Lehrer oder Journalist arbeiten. Frau Picard empfahl ihnen, sich um einen Job bei der Zeitung „Les nouvelles de Bordeaux" zu bewerben. Die hatte einen Nebenjob für Studenten zu vergeben, die Polizeiberichte in der Rubrik über Verbrechen verfassen konnten. Also gingen Robert und Bernard in die Personalabteilung der Zeitung „Les nouvelles de Bordeaux" und bewarben sich um den Job.

„Wir waren heute bei der Arbeitsvermittlung Passende Mitarbeiter", sagte Bernard zu Frau Hubert, der Leiterin der Personalabteilung. „Sie haben uns empfohlen, uns bei Ihrer Zeitung zu bewerben."

„Habt ihr schon als Reporter gearbeitet?", fragte Frau Hubert.

„Nein", antwortete Bernard.

„Füllt bitte diese Formulare mit euren persönlichen Angaben aus", sagte Frau Hubert und gab ihnen zwei Formulare. Robert und Bernard füllten sie aus.

Persönliche Angaben

*Alle mit einem Sternchen * markierten Felder müssen ausgefüllt werden. Die anderen Felder können leer gelassen werden.*

Vorname - Bernard

Zweiter Name

Nachname - Legrand

Geschlecht (unterstreiche) - <u>männlich</u> weiblich

Alter - Zwanzig

Nationalität - Französe

Familienstand (unterstreiche) - <u>ledig</u> verheiratet

Adresse - Rue Malbec 11, Bordeaux

Ausbildung - Ich studiere Journalismus im dritten Jahr an der Universität

Wo haben Sie zuvor gearbeitet? - Ich habe zwei Monate auf einem Bauernhof gearbeitet

Quelle expérience et quels talents avez-vous acquis?*... Je peux conduire une voiture ou un camion et je sais utiliser un ordinateur

Langues*

0 - aucun, 10 - couramment... Français - 10, Anglais - 5

Permis de conduire*... (souligner) Non <u>Oui</u> Type: BC, je peux conduire des camions.

Vous avez besoin d'un travail*... (souligner) A plein-temps <u>À mi-temps</u>: 15 heures par semaine

Vous voulez gagner... 15 euros de l'heure

Formulaire d'Informations Personnelles

Vous devez remplir les champs avec des astérisques *. Vous pouvez laisser les autres champs vides.

Prénom*... Robert

Middle name...

Deuxième prénom... Genscher

Sexe*... (souligner) <u>Masculin</u> Féminin

Age*... Vingt-un ans

Nationalité*... Allemand

Statut familial... (souligner) <u>Célibataire</u> Marié

Adresse*... Chambre 218, résidences universitaires, 5 Rue Pelleport, Bordeaux

Éducation... J'étudie l'informatique en deuxième année d'université

Où avez-vous travaillé avant?... J'ai travaillé deux mois comme fermier

Quelle expérience et quels talents avez-vous acquis?*... Je sais utiliser un ordinateur

Langues*

0 - aucun, 10 - couramment... Français - 8, Allemand - 10

Permis de conduire*... (souligner) <u>Non</u> Oui Type:

Vous avez besoin d'un travail*... (souligner) A plein-temps <u>À mi-temps</u>: 15 heures par semaine

Vous voulez gagner... 15 euros de l'heure

Welche Erfahrung und Fähigkeiten haben Sie? - Ich kann Auto und Lastwagen fahren und mit dem Computer arbeiten.

Sprachen (0 - nein, 10 - fließend) - Französisch - 10, Englisch - 5

Führerschein (unterstreiche) - Nein <u>Ja</u> Typ: BC Kann Lastwagen fahren.

Sie brauchen einen Job (unterstreiche) - Vollzeit <u>Teilzeit</u>: 15 Stunden die Woche

Sie wollen verdienen - 15 Euro die Stunde

Persönliche Angaben

Alle mit einem Sternchen * markierten Felder müssen ausgefüllt werden. Die anderen Felder können leer gelassen werden.

Vorname - Robert

Zweiter Name

Nachname - Genscher

Geschlecht (unterstreiche) - <u>männlich</u> weiblich

Alter - einundzwanzig

Nationalität - Deutscher

Familienstand (unterstreiche) - <u>ledig</u> verheiratet

Adresse - Zimer 218, Studentenwohnheim, Rue Pelleport 5, Bordeaux

Ausbildung - Ich studiere Informatik im zweiten Jahr an der Universität

Wo haben Sie zuvor gearbeitet? - Ich habe zwei Monate auf einem Bauernhof gearbeitet

Welche Erfahrung und Fähigkeiten haben Sie? - Ich kann mit dem Computer umgehen

Sprachen (0 - nein, 10 - fließend) - Französisch - 8, Deutsch - 10

Führerschein (unterstreiche) - <u>Nein</u> Ja Typ:

Sie brauchen einen Job (unterstreiche) - Vollzeit <u>Teilzeit</u>: 15 Stunden die Woche

Sie wollen verdienen - 15 Euro die Stunde

Frau Hubert brachte die Formulare mit ihren

Mme Hubert prit leurs formulaires d'informations personnelles pour l'éditeur de « Les nouvelles de Bordeaux ».

« L'éditeur a accepté, dit Mme Hubert en revenant, Vous allez accompagner une patrouille de Police puis écrire des rapports pour la rubrique criminelle. Une voiture de police viendra demain à dix-sept heures pour vous chercher. Soyez là-bas à l'heure, voulez-vous?

« Bien sûr », répondit Robert.

« Oui, nous y serons, dit Bernard, Au revoir ».

« Au revoir », répondit Mme Hubert.

persönlichen Angaben zum Herausgeber der „Les nouvelles de Bordeaux".

„Der Herausgeber ist einverstanden", sagte Frau Hubert, als sie zurückkam. „Ihr begleitet eine Polizeistreife und schreibt dann Berichte für die Kriminalrubrik. Morgen um siebzehn Uhr werdet ihr von einem Polizeiauto abgeholt. Seid pünktlich da, ok?"

„Klar", antwortete Robert.

„Ja, wir werden pünktlich sein", sagte Bernard. „Auf Wiedersehen."

„Auf Wiedersehen", antwortete Frau Hubert.

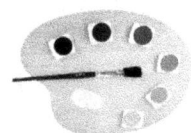

27

La patrouille de police (partie 1)
Die Polizeistreife (Teil 1)

A

Mots

1. alerte, une - der Alarm
2. arme, une; pistolet, un - die Waffe
3. attacher - anschnallen
4. autour de - umher
5. braqueur, un - der Räber; braquage, un - der Diebstahl
6. ceintures, des - der Sicherheitsgurt
7. cent - hundert
8. clé / clef, une - der Schlüssel
9. deux-cent - zweihundert
10. douze - zwölf
11. effrayé - ängstlich
12. fermé (M), fermées (F) - geschlossen
13. haut (M), haute (F) - hoch
14. hurlant - heulend
15. j'aboyai/aboyais; tu aboyas/aboyais; il/elle aboya/aboyait; nous aboyâmes/aboyions;

vous aboyâtes/aboyiez; ils/elles aboyèrent/aboyaient - bellte

16. j'accompagnai/accompagnais; tu accompagnas/accompagnais; il/elle accompagna/accompagnait; nous accompagnâmes/accompagnions; vous accompagnâtes/accompagniez; ils/elles accompagnèrent/accompagnaient - begleitet, begleitete

17. j'attendis/attendais; tu attendis/attendais; il/elle attendit/attendait; nous attendîmes/attendions; vous attendîtes/attendiez; ils/elles attendirent/attendaient - wartete

18. je cachai/cachais; tu cachas/cachais; il/elle cacha/cachait; nous cachâmes/cachions; vous cachâtes/cachiez; ils/elles cachèrent/cachaient - versteckte

19. je compris/comprenais; tu compris/comprenais; il/elle comprit/comprenait; nous comprîmes/comprenions; vous comprîtes/compreniez; ils/elles comprirent/comprenaient - verstanden, verstand

20. je conduisis/conduisais; tu conduisis/conduisais; il/elle conduisit/conduisait; nous conduisîmes/conduisions; vous conduisîtes/conduisiez; ils/elles conduisirent/conduisaient - fuhr

21. je démarrai/démarrais; tu démarras/démarrais; il/elle démarra/démarrait; nous démarrâmes/démarrions; vous démarrâtes/démarriez; ils/elles démarrèrent/démarraient - machte an (den Motor); commencer - machen an (den Motor)

22. je fermai; tu fermas; il/elle ferma; nous fermâmes; vous fermâtes; ils/elles fermèrent - schloss

23. je fis/faisais; tu fis/faisais; il/elle fit/faisait; nous fîmes/faisions; vous fîtes/faisiez; ils/elles firent/faisaient - machte

24. je marchai/marchais; tu marchas/marchais; il/elle marcha/marchait; nous marchâmes/marchions; vous marchâtes/marchiez; ils/elles marchèrent/marchaient - trat

25. je me dépêchai/dépêchais; tu te dépêchas/dépêchais; il/elle se dépêcha/dépêchait; nous nous dépêchâmes/dépêchions; vous vous dépêchâtes/dépêchiez; ils/elles se dépêchèrent/dépêchaient - raste

26. je montrai/montrais; tu montras/montrais; il/elle montra/montrait; nous montrâmes/montrions; vous montrâtes/montriez; ils/elles montrèrent/montraient - zeigte

27. je pleurai/pleurais; tu pleuras/pleurais; il/elle pleura/pleurait; nous pleurâmes/pleurions; vous pleurâtes/pleuriez; ils/elles pleurèrent/pleuraient - rief

28. j'essayai/essayais; tu essayas/essayais; il/elle essaya/essayait; nous essayâmes/essayions; vous essayâtes/essayiez; ils/elles essayèrent/essayaient - versuchte

29. j'ouvris/ouvrais; tu ouvris/ouvrais; il/elle ouvrit/ouvrait; nous ouvrîmes/ouvrions; vous ouvrîtes/ouvriez; ils/elles ouvrirent/ouvraient - öffnete

30. limite, une - die Begrenzung

31. menottes, des - die Handschellen

32. microphone, un - das Mikrofon

33. mince - verdammt

34. officier, un - der Polizist

35. police, la - die Polizei

36. policier, un - policeman, policier (M), policière (F) - der Polizist

37. poursuite, une - die Verfolgung

38. prix, un - der Preis

39. reçu, un; ticket, un - die Quittung

40. rencontrait, rencontra - getroffen, traf, kennengelernt

41. se lever - aufstehen

42. sécher - trocknen; sec (M), sèche (F) - trocken

43. sergent, un - der Polizeihauptmeister

44. sirène, une - die Sirene

45. tout le monde - alle

46. vitesse, la - die Geschwindigkeit

47. vitrine de magasin - das Schaufenster

48. voleur, un; voleuse, une - der Dieb; voleurs, des; voleuses, des - die Diebe

La patrouille de police (partie 1)

Die Polizeistreife (Teil 1)

Le jour suivant, Robert et Bernard arrivèrent au bâtiment du journal « Les nouvelles de Bordeaux » à dix-sept heures. La voiture de police les attendait déjà. Un policier sortit de la voiture.

« Bonjour. Je suis le sergent Roland Marchal », dit-il quand Bernard et Robert vinrent vers la voiture.

« Bonjour. Enchanté de vous rencontrer. Je m'appelle Robert. Nous devons vous accompagner aujourd'hui », répondit Robert.

« Bonjour. Moi, c'est Bernard. Nous avez-vous attendu longtemps? » demanda Bernard.

« Non. je viens juste d'arriver ici. Montons dans la voiture. Nous commençons une patrouille de la ville maintenant », dit le policier. Ils montèrent tous dans la voiture de police.

« Accompagnez-vous une patrouille de police pour la première fois? » demanda le sergent Marchal en démarrant le moteur.

« Nous n'avons jamais accompagné une patrouille de police », répondit Bernard.

À ce moment, la radio de la police commença à parler. « Attention P11 et P07! Une voiture bleue est en excès de vitesse le long de la rue Pelleport ».

« P07 bien reçu, dit le sergent Marchal dans le microphone. Ensuite, il dit aux garçons: Le numéro de notre voiture est P07 ». Une grosse voiture bleue se dépêchait en passant devant eux à très grande vitesse. Roland Marchal prit à nouveau le micro et dit: « Ici P07,. Je vois la voiture bleue en excès de vitesse.Je commence la

Am nächsten Tag kamen Robert und Bernard um siebzehn Uhr zum Gebäude der Zeitung „Les nouvelles de Bordeaux". Das Polizeiauto wartete schon auf sie. Ein Polizist stieg aus dem Auto.

„Hallo. Ich bin Polizeihauptmeister Roland Marchal", sagte er, als Bernard und Robert zum Auto kamen.

„Hallo, schön, Sie kennenzulernen. Ich heiße Robert. Wir sollen Sie heute begleiten", antwortete Robert.

„Hallo, ich bin Bernard. Haben Sie schon lange auf uns gewartet?", fragte Bernard.

„Nein, ich bin gerade erst gekommen. Lasst uns einsteigen. Wir fangen jetzt mit der Streife in der Stadt an", sagte der Polizist. Sie stiegen alles ins Polizeiauto.

„Begleitet ihr zum ersten Mal eine Polizeistreife?", fragte Polizeihauptmeister Marchal und machte den Motor an.

„Wir haben noch nie eine Polizeistreife begleitet", antwortete Bernard.

In diesem Moment meldete sich der Polizeifunk: „Achtung P11 und P07! Ein blaues Auto fährt zu schnell auf der Via Università."

„P07 ist dran", sagte Polizeihauptmeister Marchal ins Mikrofon. Dann sagte er zu den Jungs: „Die Nummer unseres Autos ist P07." Ein großes blaues Auto raste mit hoher Geschwindigkeit an ihnen vorbei. Roland Marchal nahm das Mikrofon und sagte: „Hier spricht P07. Ich sehe das rasende Auto. Nehme die Verfolgung auf." Dann sagte er zu den Jungs: „Bitte

poursuite, puis il dit aux garçons, Attachez vos ceintures ». La voiture de police démarra rapidement. Le sergent appuya à fond sur l'accélérateur et alluma les sirènes. Ils se foncèrent avec les sirènes hurlantes en passant devant les bâtiments, les voitures et les bus. Roland Marchal fit arrêter la voiture. Le sergent sortit de la voiture et alla vers le chauffard. Bernard et Robert le suivirent.

« Je suis l'officier de police Roland Marchal. Montrez-moi votre permis de conduire, s'il vous plaît », dit le policier au chauffard.

« Voici mon permis de conduire, le conducteur montra son permis de conduire, Et quel est le problème? » dit-il en colère.

« Vous conduisiez à travers la ville à une vitesse de cent vingt kilomètres heure. La vitesse limite est cinquante », dit le sergent.

« Ah, c'est ça. Vous voyez, je viens juste de laver ma voiture. Donc je conduisais un peu plus vite pour la sécher », dit l'homme d'un air rusé.

« Laver la voiture coûte-t-il cher? » demanda le policier.

« Pas beaucoup. Cela m'a coûté douze euros », dit le chauffard.

« Vous ne connaissez pas les prix, dit le sergent Marchal, Cela vous a en réalité coûté deux-cent douze euros parce que vous allez payer deux-cent euros pour le séchage de la voiture. Voici la contravention. Passez une bonne journée », dit le policier. Il donna au chauffard une contravention pour excès de vitesse de deux-cent euros et le permis de conduire et retourna à la voiture de police.

« Roland, je pense que tu as beaucoup d'expérience avec les chauffards, n'est ce pas? » demanda Bernard au policier.

« J'en ai rencontré beaucoup, dit Roland en démarrant le moteur, Au début, ils ont l'air de tigres en colère ou de renards rusés. Mais après leur avoir parlé, ils ont l'air de chatons effrayés ou de singes idiots. Comme celui de la voiture bleue ».

anschnallen!" Das Polizeiauto fuhr schnell los. Der Polizeihauptmeister trat das Gaspedal voll durch und machte die Sirene an. Mit heulender Sirene rasten sie an Gebäuden, Autos und Bussen vorbei. Roland Marchal brachte das blaue Auto zum Anhalten. Der Polizeihauptmeister stieg aus dem Auto aus und ging zu dem Raser. Bernard und Robert gingen ihm nach.

„Ich bin Polizeibeamter Roland Marchal. Zeigen Sie mir bitte Ihren Führerschein", sagte der Polizist zu dem Raser.

„Hier ist mein Führerschein." Der Fahrer zeigte seinen Führerschein. „Was ist los?", fragte er wütend.

„Sie sind mit hundertzwanzig km/h durch die Stadt gefahren. Die Geschwindigkeitsbegrenzung ist fünfzig", sagte der Polizeihauptmeister.

„Ach so, das. Wissen Sie, ich habe gerade mein Auto gewaschen. Ich bin ein bisschen schneller gefahren, damit es trocknet", sagte der Mann mit einem schlauen Grinsen.

„Ist es teuer, Ihr Auto zu waschen?", fragte der Polizist.

„Nein. Es kostet zwölf Euro", sagte der Raser.

„Sie kennen die Preise nicht", sagte Polizeihauptmeister Marchal. „In Wirklichkeit kostet es Sie zweihundertzwölf Euro, denn Sie werden zweihundert Euro fürs Trocknen zahlen. Hier ist der Strafzettel. Einen schönen Tag noch", sagte der Polizist. Er gab dem Raser einen Strafzettel für Geschwindigkeitsüberschreitung über zweihundert Euro und seinen Führerschein und ging zurück zum Polizeiauto.

„Roland, du hast viel Erfahrung mit Rasern, nicht wahr?", fragte Bernard den Polizisten.

„Ich habe schon viele kennengelernt", sagte Roland und machte den Motor an. „Zu erst sehen sie wie wütende Tiger oder schlaue Füchse aus. Aber nachdem ich mit ihnen gesprochen habe, sehen sie wie ängstliche Kätzchen oder dumme Affen aus. Wie der im blauen Auto".

Pendant ce temps, une petite voiture blanche roulait doucement le long d'une rue, pas loin du parc de la ville. La voiture s'arrêta à côté d'un magasin. Un homme et une femme sortirent de la voiture et allèrent jusqu'au magasin. Il était fermé. L'homme regarda autour. Puis il sortit des clés rapidement et essaya d'ouvrir la portière. Enfin, il l'ouvrit et ils entrèrent à l'intérieur.

« Regarde! Il y a tellement de robes », dit la femme. Elle sortit un grand sac et commença à y mettre de tout. Quand le sac fut plein, elle l'amena à la voiture et revint.

« Prends tout vite! Oh! Quel merveilleux chapeau! » dit l'homme. Il prit un grand chapeau noir de la vitrine du magasin et le mit.

« Regarde cette robe rouge! Je l'aime tant! » dit la femme qui mit rapidement la robe rouge. Elle n'avait plus de sacs. Alors, elle prit plus de choses dans ses mains, courut vers l'extérieur et les mit sur la voiture. Puis elle courut à l'intérieur pour amener plus de choses.

La voiture de police P07 conduisait doucement le long du parc de la ville quand la radio commença à parler: « Attention à toutes les patrouilles. Nous avons eu une alerte de braquage d'un magasin à côté du parc de la ville. L'adresse du magasin est le 72 rue del Parco ».

« P07 bien reçu, dit Roland dans le micro, Je suis très près de cette place. J'y vais ». Ils trouvèrent très rapidement le magasin et s'arrêtèrent près de la voiture blanche. Puis il sortirent de la voiture et se cachèrent derrière. La femme dans sa nouvelle robe rouge courut hors du magasin. Elle plaça des robes sur la voiture de police et courut vers le magasin. La femme le fit très rapidement. Elle ne vit pas que c'était une voiture de police.

« Mince alors! J'ai oublié mon arme au poste de police! » dit Roland. Robert et Bernard regardèrent le sergent Marchal puis l'un l'autre avec surprise. Le policier était si confus que Bernard et Robert comprirent qu'ils devaient l'aider. La femme courut à nouveau en dehors du magasin, mit des robes sur la voiture de police et revint en courant. Puis Bernard dit à Roland:

In der Zwischenzeit fuhr ein kleines, weißes Auto nicht weit vom Stadtpark langsam die Straße entlang. Das Auto hielt in der Nähe eines Ladens. Ein Mann und eine Frau stiegen aus und gingen zu dem Laden. Er war geschlossen. Der Mann sah sich um. Dann holte er schnell einige Schlüssel hervor und versuchte, die Tür zu öffnen. Schließlich öffnete er sie, und sie gingen hinein.

„Sieh, so viele Kleider", sagte die Frau. Sie holte eine große Tasche hervor und begann, alles hineinzupacken. Als die Tasche voll war, brachte sie sie zum Auto und kam zurück.

„Nimm schnell alles! Oh! Was für ein schöner Hut!", sagte der Mann. Er nahm einen großen schwarzen Hut aus dem Schaufenster und zog ihn auf.

„Sieh dir dieses rote Kleid an! Das finde ich toll!", sagte die Frau und zog schnell das rote Kleid an. Sie hatte keine Taschen mehr. Deswegen nahm sie mehr Sachen in die Hände, rannte nach draußen und packte sie ins Auto. Dann rannte sie nach drinnen, um noch mehr Dinge zu holen.

Das Polizeiauto P07 fuhr gerade langsam den Stadtpark entlang, als sich der Funk meldete: „Achtung, alle Einheiten. Wir haben einen Einbruchsalarm aus einem Laden in der Nähe des Stadtparks. Die Adresse des Ladens ist Via del Parco n. 72."

„P07 ist dran", sagte Roland ins Mikro. „Ich bin ganz in der Nähe. Fahre dorthin." Sie hatten den Laden schnell gefunden und fuhren zu dem weißen Auto. Dann stiegen sie aus dem Auto aus und versteckten sich dahinter. Die Frau im roten Kleid kam aus dem Laden gerannt. Sie legte einige Kleider auf das Polizeiauto und rannte zurück in den Laden. Die Frau tat das sehr schnell. Sie sah nicht, dass es ein Polizeiauto war.

„Verdammt! Ich habe meine Waffe auf der Polizeiwache vergessen!", sagte Roland. Robert und Bernard sahen Polizeihauptmeister Marchal und dann einander überrascht an. Der Polizist war so verwirrt, dass Bernard und Robert verstanden, dass er Hilfe brauchte. Die Frau rannte wieder aus dem Laden, legte Kleider auf das Polizeiauto und rannte zurück. Dann sagte Bernard zu Roland: „Wir können so tun, als ob

« Nous pouvons faire semblant d'avoir des armes ».

« Faisons cela, répondit Roland, Mais ne vous levez pas. Les voleurs pourraient avoir des armes, dit-il puis il cria, C'est la police qui vous parle! Tout le monde à l'intérieur du magasin! Levez les mains et sortez doucement un par un hors du magasin! »

Ils attendirent une minute. Personne ne sortit. Puis Robert eut une idée.

« Si vous ne sortez pas maintenant, nous allons lancer le chien policier sur vous! » cria-t-il puis il aboya comme un grand chien en colère. Les voleurs coururent immédiatement les mains en l'air. Rapidement, Roland leur mit des menottes et les amena à la voiture de police. Ensuite, il dit à Robert: « C'était une bonne idée de prétendre que nous avions un chien! Tu vois, j'ai déjà oublié mon arme deux fois. S'ils apprennent que je l'ai oubliée pour la troisième fois, ils risquent de me virer ou de me faire faire du travail de bureau. Tu ne le diras à personne, n'est ce pas? »

« Bien sûr que non! » dit Robert

« Jamais », dit Bernard.

« Merci beaucoup de m'avoir aidé, les gars! » Roland secoua leurs mains avec force.

wir Waffen haben."

„Lasst uns das machen", antwortete Roland. „Aber ihr steht nicht auf. Die Diebe haben vielleicht Waffen", sagte er und rief dann: „Hier spricht die Polizei! Alle, die im Laden sind, heben ihre Hände und kommen langsam einer nach dem anderen aus raus!"

Sie warteten eine Minute. Niemand kam. Dann hatte Robert eine Idee.

„Wenn ihr nicht rauskommt, hetzen wir den Polizeihund auf euch!", rief er und bellte wie ein großer, wütender Hund. Die Diebe kamen sofort mit erhobenen Händen herausgerannt. Roland legte ihnen schnell Handschellen an und brachte sie ins Polizeiauto. Dann sagte er zu Robert: „Das war eine gute Idee, so zu tun, als ob wir einen Hund hätten. Weißt du, ich habe meine Waffe schon zweimal vergessen. Wenn sie herausfinden, dass ich sie zum dritten Mal vergessen habe, feuern sie mich vielleicht oder lassen mich Büroarbeit machen. Ihr erzählt es doch niemandem, oder?"

„Natürlich nicht!", sagte Robert.

„Nie", sagte Bernard.

„Vielen Dank für eure Hilfe, Jungs!" Roland schüttelte ihnen kräftig die Hand.

28

La patrouille de police (partie 2)
Die Polizeistreife (Teil 2)

A

Mots

1. à qui - wessen
2. appuyer - drücken
3. argent liquide - das Bargeld; caisse enregistreuse, une - die Kasse
4. autant, aussi, également - auch
5. Banque Express - Express Bank
6. bouton, un - der Knopf
7. casser - zerbrechen, zerschlagen
8. centre commercial, un - das Einkaufszentrum
9. coffre-fort, un - der Tresor
10. encore - noch
11. excuser - sich entschuldigen; Excusez-moi. /Excuse-moi - Entschuldigen Sie.
12. guichetier, un; guichetière, une - der Kassierer

13. habituel (M), habituelle (F) - gewöhnlich
14. hier - gestern
15. hommes, les - die Männer
16. inconscient (M), inconsciente (F) - bewusstlos
17. intelligent (M), intelligente (F) - schlau, klug
18. je répondis/répondais; tu répondis/répondais; il/elle répondit/répondait; nous répondîmes/répondions; vous répondîtes/répondiez; ils/elles répondirent/répondaient - geantwortet, antwortete
19. je sonnai/sonnais; tu sonnas/sonnais; il/elle sonna/sonnait; nous sonnâmes/sonnions; vous sonnâtes/sonniez; ils/elles sonnèrent/sonnaient - klingelte
20. je tirai; tu tiras/tirais; il/elle tira/tirait; nous tirâmes/tirions; vous tirâtes/tiriez; ils/elles tirèrent/tiraient...sur (quelqu'un) - schoss; angeschossen
21. je vis/venais; tu vis/venais; il/elle vit/venait; nous vîmes/venions; vous vîtes/veniez; ils/elles virent/venaient - sah
22. j'ouvris/ouvrais; tu ouvris/ouvrais; il/elle ouvrit/ouvrait; nous ouvrîmes/ouvrions; vous ouvrîtes/ouvriez; ils/elles ouvrirent/ouvraient - geöffnet, öffnete
23. madame - die Madame
24. mettre dans - einstecken
25. mobile - das Handy
26. mon, le mien - mein
27. monsieur - der Herr
28. parti (M), partie (F) - weg sein
29. poche, une - die Tasche
30. pris (M), prise (F) - genommen
31. protéger - beschützen
32. quelqu'un - jemand (jemanden)
33. rarement - selten
34. ricochet, un - das Abprall
35. secrètement - heimlich
36. sincèrement - offenherzig
37. téléphone, un - das Telefon; téléphoner - anrufen
38. ton, ta, tes (informal)/ votre, vos (formal) / le tien, la tienne, les tiens - dein / Ihr
39. tourna - drehte (sich)
40. tourner la tête ailleurs - sich abwenden
41. verre, du - das Glas
42. volé (M), volée (F) - gestohlen

La patrouille de police (partie 2)

Le jour suivant, Robert et Bernard accompagnaient à nouveau Roland. Ils étaient debout à côté d'un grand centre commercial quand une femme vint vers eux.

« Pourriez-vous m'aider? » demanda-t-elle.

« Bien sûr, madame. Qu'est-il arrivé? » demanda Roland.

Die Polizeistreife (Teil 2)

Am nächsten Tag begleiteten Robert und Bernard Roland wieder. Sie standen neben einem großen Einkaufszentrum, als eine Frau zu ihnen kam.

„Können Sie mir bitte helfen?", fragte sie.

„Natürlich. Was ist passiert?", fragte Roland.

„Mein Handy ist weg. Ich glaube, es wurde

« Mon téléphone mobile a disparu. Je crois qu'il a été volé ».

« A-t-il été utilisé aujourd'hui? » demanda le policier.

« Je l'ai utilisé avant de sortir du centre commercial », répondit-elle.

« Entrons à l'intérieur », dit Roland. Ils entrèrent dans le centre commercial et regardèrent autour. Il y avait beaucoup de gens.

« Essayons une vieille astuce, dit Roland en sortant son propre téléphone, Quel est votre numéro de téléphone? » demanda-t-il à la femme. Elle le lui dit et il appela son numéro de téléphone. Un téléphone mobile sonna pas loin d'eux. Ils allèrent à l'endroit où il sonnait. Il y avait la queue. Un homme dans la queue regarda le policier puis tourna la tête rapidement Le policier se rapprocha, écoutant attentivement. Le téléphone sonnait dans la poche de l'homme.

« Excusez moi », dit Roland. L'homme le regarda.

« Excusez moi, votre téléphone sonne », dit Roland.

« Où ça? » dit l'homme.

« Là, dans votre poche », dit Roland.

« Non, il ne sonne pas », dit l'homme.

« Oui, il sonne », dit Roland.

« Ce n'est pas le mien », dit l'homme.

« Alors, à qui appartient le téléphone qui sonne dans votre poche? » demanda Roland.

« Je ne sais pas », répondit l'homme.

« Laissez-moi voir, s'il vous plaît », dit Roland qui sortit le téléphone de la poche de l'homme.

« Oh, c'est le mien! » cria la femme.

« Prenez votre téléphone, madame », dit Roland qui le lui donna.

« Puis-je, monsieur? » demanda Roland qui mit à nouveau sa main dans la poche de l'homme. Il sortit un autre téléphone, puis un de plus.

« Ne sont-ils pas à vous non plus? » demanda

gestohlen."

„Haben Sie es heute schon benutzt?", fragte der Polizist.

„Ich habe es benutzt, bevor ich das Einkaufszentrum verlassen habe", antwortete die Frau.

„Lasst uns reingehen", sagte Roland. Sie gingen ins Einkaufszentrum und sahen sich um. Viele Leute waren da.

„Lasst uns einen alten Trick versuchen", sagte Roland und holte sein eigenes Handy hervor. „Wie ist Ihre Nummer?", fragte er die Frau. Sie sagte sie ihm, und er wählte. Nicht weit von ihnen klingelte ein Handy. Sie gingen zu der Stelle, an der es klingelte. Dort war eine Schlange. Ein Mann in der Schlange sah den Polizisten an und schaute dann schnell weg. Der Polizist ging näher hin und horchte aufmerksam. Das Handy klingelte in der Tasche des Mannes.

„Entschuldigen Sie", sagte Roland. Der Mann sah ihn an.

„Entschuldigen Sie, Ihr Handy klingelt", sagte Roland.

„Wo?", sagte der Mann.

„Hier, in ihrer Tasche", sagte Roland.

„Nein, es klingelt nicht", sagte der Mann.

„Doch, es klingelt", sagte Roland.

„Das ist nicht meins", sagte der Mann.

„Wessen Telefon klingelt dann in Ihrer Tasche?", fragte Roland.

„Ich weiß es nicht", antwortete der Mann.

„Zeigen Sie es mir bitte", sagte Roland und holte das Handy aus der Tasche des Mannes.

„Oh, das ist meins!", rief die Frau.

„Hier, nehmen Sie Ihr Telefon", sagte Roland und gab es ihr.

„Darf ich?", fragte Roland und steckte seine Hand wieder in die Tasche des Mannes. Er holte ein anderes Handy hervor und dann noch eins.

„Gehören die auch nicht Ihnen?", fragte Roland

Roland à l'homme.

L'homme secoua la tête en regardant ailleurs.

« Quels étranges téléphones! cria Roland, Ils ont fui leurs propriétaires en courant et ont sauté dans la poche de cet homme! Et maintenant ils sonnent dans sa poche, n'est ce pas? »

« Oui, c'est ça » dit l'homme.

« Vous savez, mon travail est de protéger les gens. Et je vais vous protéger d'eux. Entrez dans ma voiture et je vais vous amener à l'endroit où aucun téléphone ne peut sauter dans votre poche. Nous allons au poste de police », dit le policier. Puis il prit l'homme par le bras et l'amena à la voiture de police

« J'aime les criminels idiots », Roland Marchal sourit après qu'ils aient amené le voleur au poste de police.

« En as-tu rencontré des intelligents? » demanda Bernard.

« Oui, j'en ai déjà rencontré. Mais très rarement, répondit le policier, Parce qu'il est très difficile d'attraper un criminel intelligent ».

Pendant ce temps, deux hommes entrèrent dans la Banque Express. L'un d'entre eux prit une place dans la queue. Un autre vint vers la caisse et donna un papier au guichetier. Le guichetier prit le papier et lut:

« Cher camarade,

Ceci est un braquage de la Banque Express. Donnez-moi tout l'argent. Si vous ne le faites pas, j'utiliserai mon arme. - Je vous remercie.

Sincèrement;

Xavier »

« Je crois que je peux vous aider, dit le guichetier en appuyant secrètement sur le bouton d'alarme, Mais l'argent a été placé par moi-même hier dans un coffre-fort. Le coffre-fort n'a pas encore été ouvert. Je vais demander à quelqu'un d'ouvrir le coffre-fort et d'amener l'argent. D'accord? »

« D'accord. Mais faites vite! » répondit le braqueur.

den Mann.

Der Mann schüttelte den Kopf und sah weg.

„Was für seltsame Handys!", rief Roland. „Sie sind ihren Besitzern davongelaufen und in die Tasche dieses Mannes gesprungen! Und jetzt klingeln sie in seiner Tasche, oder nicht?"

„Ja, das tun sie", sagte der Mann.

„Wie Sie wissen, ist es mein Job, Menschen zu beschützen. Und ich werde Sie vor ihnen beschützen. Steigen Sie in mein Auto, und ich bringe Sie an einen Ort, wo kein Telefon in Ihre Tasche springen kann. Wir fahren aufs Revier", sagte der Polizist. Dann nahm er den Mann am Arm und brachte ihn zum Auto.

„Ich mag dumme Verbrecher", sagte Roland Marchal grinsend, nachdem sie den Dieb aufs Revier gebracht hatten.

„Hast du schon schlaue getroffen?", fragte Bernard.

„Ja, das habe ich. Aber es passiert selten"; antwortete der Polizist. „Denn es ist sehr schwer, einen schlauen Verbrecher zu fangen."

In der Zwischenzeit betraten zwei Männer die Express Bank. Einer von ihnen stellte sich in der Schlange an. Ein anderer ging zur Kasse und gab dem Kassierer einen Zettel. Der Kassierer nahm den Zettel und las.

„Sehr geehrter Herr,

das ist ein Überfall auf die Express Bank. Geben Sie mir alles Geld. Wenn Sie es nicht tun, werde ich meine Waffe benutzen. Danke.

Hochachtungsvoll,

Xavier"

„Ich denke, ich kann Ihnen helfen", sagte der Kassierer, während er heimlich den Alarmknopf drückte. „Aber das Geld wurde gestern von mir im Tresor eingeschlossen. Der Tresor wurde noch nicht geöffnet. Ich werde jemanden bitten, den Tresor zu öffnen und das Geld zu bringen. Okay?"

„Okay. Aber schnell!", antwortete der Dieb.

« Dois-je faire une tasse de café pendant que l'argent est mis dans les sacs? » demanda le guichetier.

« Non merci. Juste l'argent », répondit le braqueur.

La radio dans la voiture de police P07 commença à parler: « Attention à toutes les patrouilles. Nous avons une alerte de braquage de la Banque Express ».

« P07 bien reçu », répondit le sergent Marchal. Il mis les gaz et la voiture démarra rapidement. Quand ils arrivèrent à la banque, il n'y avait encore aucune voiture de police.

« Nous allons faire un rapport intéressant si nous allons à l'intérieur », dit Bernard.

« Vous les gars, faites ce qu'il faut. Et j'entrerai à l'intérieur par la porte arrière », dit le sergent Marchal. Il sortit son arme et alla rapidement à la porte arrière de la banque. Bernard et Robert entrèrent dans la banque par la porte centrale. Ils virent un homme debout à côté de la caisse enregistreuse. Il mit une main dans sa poche et regardait autour. L'homme avec qui il était venu le rejoignit dans la queue.

« Où est l'argent? » demanda-t-il à Xavier.

« Victor, le guichetier a dit qu'ils le mettaient dans des sacs », répondit un autre braqueur.

« Je suis fatigué d'attendre! » dit Victor. Il prit une arme et la dirigea vers le guichetier. « Apportez tout l'argent maintenant! » cria le braqueur au guichetier. Puis il vint au milieu de la pièce et cria: « Écoutez tous! Ceci est un braquage! Personne ne bouge! » À ce moment, quelqu'un près de la caisse bougea. Le voleur avec l'arme tira dessus sans regarder. Un autre braqueur tomba par terre et cria: « Victor! Espèce d'idiot! Mince alors! Tu m'as tiré dessus! »

« Oh, Xavier! Je n'avais pas vu que c'était toi! » dit Victor. À ce moment, le guichetier sortit rapidement en courant.

« Le guichetier est parti en courant et l'argent n'a pas encore été ammené! » cria Victor à Xavier;

„Hätten Sie gerne eine Tasse Kaffee, während das Geld in Taschen gepackt wird?", fragte der Kassierer.

„Nein, danke. Nur Geld", antwortete der Dieb.

Der Funk im Polizeiauto P07 meldete sich: „Achtung, alle Einheiten. Überfallalarm in der Express Bank."

„P07 ist dran", antwortete Polizeihauptmeister Marchal. Er trat aufs Gas, und das Auto fuhr schnell los. Als sie an der Bank ankamen, war noch kein anderes Polizeiauto da.

„Das wird ein interessanter Bericht, wenn wir reingehen", sagte Bernard.

„Ihr Jungs macht, was ihr braucht. Ich gehe durch die Hintertür rein", sagte Polizeihauptmeister Marchal. Er holte seine Waffe raus und ging schnell zur Hintertür der Bank. Bernard und Robert betraten die Bank durch die Eingangstür. Sie sahen einen Mann in der Nähe der Kasse stehen. Er hatte eine Hand in seiner Tasche und sah sich um. Der Mann, der mit ihm gekommen war, ging aus der Schlange zu ihm.

„Wo ist das Geld?", fragte er Xavier.

„Victor, der Kassierer hat gesagt, dass es in Taschen gepackt wird", antwortete der andere Dieb.

„Ich habe es satt, zu warten", sagte Victor. Er holte seine Waffe hervor und richtete sie auf den Kassierer. „Bringen Sie jetzt alles Geld!", schrie er. Dann ging er in die Mitte des Raums und rief: „Alle herhören! Das ist ein Überfall! Niemand bewegt sich!" In diesem Moment bewegte sich jemand in der Nähe der Kasse. Der Dieb mit der Waffe schoss auf ihn, ohne hinzuschauen. Der andere Dieb fiel auf den Boden und rief: „Victor! Du Vollidiot! Verdammt! Du hast mich angeschossen!"

„Oh, Xavier! Ich habe nicht gesehen, dass du das bist!", sagte Victor. In diesem Moment rannte der Kassierer schnell nach draußen.

„Der Kassierer ist weggerannt, und das Geld ist noch nicht hierher gebracht worden!", rief Victor

La police pourrait arriver bientôt! Que pouvons nous faire? »

« Prends quelque chose de grand, casse la vitre et prends l'argent. Rapidement! » cria Xavier. Victor prit une chaise de métal et tapa sur la vitre de la caisse. Ce n'était évidemment pas une vitre habituelle et elle ne cassait pas. Mais la chaise ricocha et heurta la tête du ! Il tomba par terre, inconscient. À ce moment, le sergent Marchal couru à l'intérieur et mit rapidement les menottes aux braqueurs. Il se tourna vers Bernard et Robert.

« Je le disais bien! La plupart des criminels sont idiots! » dit-il.

Xavier zu. „Die Polizei kann jeden Moment kommen! Was sollen wir machen?"

„Nimm etwas Großes, zerschlag das Glas und nimm das Geld! Schnell!", rief Xavier. Victor nahm einen metallenen Stuhl und schlug auf das Glas der Kasse. Natürlich war es kein gewöhnliches Glas und zerbrach nicht. Doch der Stuhl prallte zurück und traf den Dieb am Kopf! Er fiel bewusstlos zu Boden. In diesem Moment kam Polizeihauptmeister Marchal hereingerannt und legte den Dieben schnell Handschellen an. Er drehte sich zu Bernard und Robert um.

„Hab ich es doch gesagt! Die meisten Verbrecher sind einfach nur dumm!", sagte er.

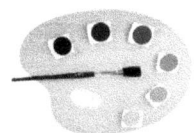

29

FLEX et Au Pair

Schule für Austauschschüler (SAS) und Au-pair

A

Mots

1. à partir de, depuis - seit
2. accord, un; contrat, un - die Vereinbarung
3. aîné - älter
4. alors que, depuis - da, weil
5. apprenant - lernen
6. au pair; jeune au pair, un - au pair
7. aussi, également - auch
8. campagne, la - das Land
9. changer - ändern; changement - die Änderung
10. choisit - entschied sich für
11. compétition, une - der Wettbewerb
12. cours, un - der Kurs
13. d'accueil - der Gastgeber

14. date, une - das Datum
15. deux fois - zweimal
16. email, courriel - die E-Mail
17. envoyé - schickte
18. espoir, un - die Hoffnung; espérer - hoffen
19. Eurasie - Eurasien
20. fille, une - die Tochter
21. FLEX - Schule für Austauschschüler (SAS)
22. injuste - ungerecht
23. j'appelai/appelais; tu appelas/appelais; il/elle appela/appelait; nous appelâmes/appelions; vous appelâtes/appeliez; ils/elles appelèrent/appelaient - rief an
24. je passai/passais; tu passas/passais; il/elle passa/passait; nous passâmes/passions; vous passâtes/passiez; ils/elles passèrent/passaient - abgelaufen
25. je visitai/visitais; tu visitas/visitais; il/elle visita/visitait; nous visitâmes/visitions; vous visitâtes/visitiez; ils/elles visitèrent/visitaient - besuchte
26. j'écrivis/écrivais; tu écrivis/écrivait; il/elle écrivait; nous écrivîmes/écrivions; vous écrivîtes/écriviez; ils/elles écrivirent/écrivaient - schrieb
27. j'habitai/habitais; tu habitas/habitais; il/elle habita/habitait; nous habitâmes/habitions; vous habitâtes/habitiez; ils/elles habitèrent/habitaient - lebte
28. joindre - kommen in
29. le plus près - nächste
30. lettre, une - der Brief
31. participant, un - der Teilnehmer
32. payé - bezahlte, gezahlt
33. pays, un - das Land (Staat)
34. personne, une - die Person
35. plateau - das Essen
36. possibilité, une - die Möglichkeit
37. problème, un - das Problem
38. servant, un (M), servante, une (F) - der Bedienstete
39. site Internet, un - die Website
40. standard, aux normes - der Standard, Standard
41. une fois - einmal
42. village, un - das Dorf
43. vrai - das Recht

B

FLEX et Au Pair

Schule für Austauschschüler (SAS) und Au-pair

La sœur, le frère et les parents de Robert vivaient a Allemagne. Ils vivaient à Hannover. La sœur s'appelait Gabi. Elle avait vingt ans. Elle apprenait le français depuis ses onze ans. Quand Gabi eut quinze ans, elle voulut prendre part au programme FLEX. FLEX donne la possibilité au lycéens venant des USA et de l'Eurasie de passer un an en France, de vivre dans une famille d'accueil et d'étudier dans une école française. Le

Roberts Schwester, Bruder und Eltern lebten in Deutschland. Sie wohnten in Hannover. Seine Schwester hieß Gabi. Sie war zwanzig Jahre alt. Sie lernte Französisch, seit sie elf war. Als Gabi fünfzehn war, wollte sie an dem Programm SAS teilnehmen. SAS gibt Highschool-Schülern aus den USA und Eurasien die Möglichkeit, ein Jahr in Frankreich zu verbringen, in einer Gastfamilie zu leben und eine französische Schule zu

programme est gratuit. Les tickets d'avion, la vie en famille, la nourriture, les études en école française sont payées par FLEX. Mais au moment où elle eut l'information sur le site internet la dâte limite était déjà passée

Alors elle s'informa sur le programme au pair. Ce programme donne à ses participants la possibilité de passer une année ou deux dans un autre pays, de vivre avec une famille d'accueil, de s'occuper des enfants et de prendre cours de langue. Étant donné que Robert étudiait à Bordeaux, Gabi lui écrivit un email. Elle lui demanda de trouver pour elle une famille d'accueil en France.

Robert regarda dans des journaux et sur des sites Internet avec des annonces. Il trouva des familles d'accueil en France sur http://www.aupair-world.net/.

Ensuite, Robert rendit visite à une agence de jeunes au pair à Bordeaux. Il fut pris en charge par une femme. Elle s'appelait Alice Comu.

« Ma sœur vient d'Allemagne. Elle aimerait bien être jeune fille au pair chez une famille française. Pourriez-vous m'aider à ce sujet ? » demanda Robert à Alice.

« Je serai ravi de vous aider. Nous plaçons des jeunes au pair dans des familles de toute la France. Un jeune au pair est une personne qui rejoint une famille d'accueil pour aider à la maison et s'occuper des enfants. La famille d'accueil donne au jeune au pair de la nourriture, une chambre et de l'argent de poche. L'argent de poche peut aller de 200 à 600 euros. La famille d'accueil doit aussi payer des cours de langue au jeune au pair », dit Alice.

« Y a t-il de bonnes et de mauvaises familles? » demanda Robert.

« Il y a deux problèmes pour choisir une famille. Premièrement, certaines familles pensent qu'une au pair est une servante qui doit tout faire à la maison, y compris cuisiner pour tous les membres de la famille, nettoyer, laver, travailler dans le jardin…etc. Mais un jeune au pair n'est pas un servant. Un jeune au pair est comme la fille ou le fils aîné de la famille qui aide les parents à s'occuper des enfants plus jeunes. Pour

besuchen. Das Programm ist kostenlos. Das Flugticket, die Unterkunft in der Familie, Essen und das Besuchen der französische Schule werden von SAS gezahlt. Aber als sie sich auf der Website über die Ausschreibung informierte, war die Frist schon abgelaufen.

Dann erfuhr sie von dem Au-pair-Programm. Dieses Programm ermöglicht es den Teilnehmern, ein oder zwei Jahre in einem anderen Land zu verbringen, bei einer Gastfamilie zu leben, sich um die Kinder zu kümmern und eine Sprachschule zu besuchen. Da Robert gerade in Bordeaux studierte, schrieb Gabi ihm eine E-Mail. Sie bat ihn darum, eine Gastfamilie für sie in Frankreich zu finden. Robert sah Zeitungen und Websites mit Anzeigen durch. Er fand französische Gastfamilien auf http://www.aupair-world.net/. Dann ging Robert zu einer Au-pair-Vermittlung in Bordeaux. Er wurde von einer Frau beraten. Sie hieß Alice Comu.

„Meine Schwester ist aus Deutschland. Sie würde gerne als Au-pair bei einer französischen Familie arbeiten. Können Sie mir helfen? ", fragte Robert Alice.

„Natürlich, sehr gerne. Wir vermitteln Au-pairs an Familien überall in Frankreich. Ein Au-pair kommt in eine Gastfamilie, um im Haus zu helfen und sich um die Kinder zu kümmern. Die Gastfamilie gibt dem Au-pair Essen, ein Zimmer und Taschengeld. Das Taschengeld liegt zwischen zweihundert und sechshundert Euro. Die Gastfamilie muss auch einen Sprachkurs für das Au-pair bezahlen", sagte Alice.

„Gibt es gute und schlechte Familien? ", fragte Robert.

„Es gibt zwei Probleme bei der Wahl einer Familie. Zum einen denken manche Familien, dass ein Au-pair ein Bediensteter sei, der alles im Haus machen muss, einschließlich für die ganze Familie kochen, putzen, waschen, Gartenarbeit usw. Aber ein Au-pair ist kein Bediensteter. Ein Au-pair ist wie eine ältere Tochter oder ein älterer Sohn der Familie, der den Eltern mit den jüngeren Kindern hilft. Um ihre Rechte zu schützen, müssen die Au-pairs eine Vereinbarung mit der Gastfamilie ausarbeiten. Glaub bloß nicht, wenn

protéger leurs droits, les jeunes au pair doivent établir un accord avec la famille d'accueil. N'y croyez pas lorsque des agences au pair ou des familles d'accueil disent qu'ils utilisent un accord « standard ». Il n'y a pas d'accord standard. Le jeune au pair peut changer n'importe quelle partie de l'accord s'il est injuste. Tout ce qu'un au pair et une famille d'accueil feront doit être écrit dans un accord.

Voici le second problème: Certaines familles vivent dans de petits villages où il n'y a pas de cours de langues et peu d'endroits où un jeune au pair peut aller pendant son temps-libre. Dans cette situation, il est nécessaire d'inclure dans l'accord que la famille d'accueil doit payer des tickets aller-retour vers la grande ville la plus proche lorsque le jeune au pair y va. Cela peut être pour une ou deux fois par semaine ».

« Je vois. Ma sœur aimerait aller dans une famille à Bordeaux. Pourriez-vous trouver une bonne famille dans cette ville? » demanda Robert.

« Bien, en ce moment, il y a environ vingt familles de Bordeaux », répondit Alice. Elle appela certaines d'entre elles. Les familles d'accueil étaient enchantées d'avoir une au pair venant d'Allemagne. La plupart des familles voulaient avoir une lettre avec une photographie de Gabi. Certaines d'entre elles voulaient aussi l'appeler pour être certains qu'elle sache parler un peu le français. Alors Robert leur donna son numéro de téléphone.

Certaines familles d'accueil appelèrent Gabi. Puis elle leur envoya des lettres. Elle choisit une famille appropriée et avec l'aide d'Alice, établit un accord avec eux. Enfin, Gabi partit en France, pleine d'espoirs et de rêves.

Au-pair-Vermittlungen oder Gastfamilien sagen, dass sie eine Standardvereinbarung verwenden. Es gibt keine Standardvereinbarung. Das Au-pair kann jeden Teil der Vereinbarung ändern, wenn sie ungerecht ist. Alles, was ein Au-pair und die Gastfamilie machen, muss schriftlich in der Vereinbarung festgehalten werden.

Das zweite Problem ist: Manche Familien leben in kleinen Dörfern, in denen es keine Sprachkurse und wenige Orte gibt, wo das Au-pair in seiner Freizeit hingehen kann. In diesem Fall muss die Vereinbarung enthalten, dass die Gastfamilie für Hin- und Rückfahrkarten in die nächste größere Stadt zahlen muss, wenn das Au-pair dorthin fährt. Das kann ein- oder zweimal die Woche sein."

„Alles klar. Meine Schwester hätte gerne eine Familie aus Bordeaux. Können Sie eine gute Familie in dieser Stadt finden?", fragte Robert.

„Na ja, im Moment haben wir etwa zwanzig Familien aus Bordeaux", antwortete Alice. Sie rief ein paar von ihnen an. Die Gastfamilien waren froh, ein Au-pair-Mädchen aus Deutschland zu bekommen. Die meisten Familien wollten einen Brief mit einem Foto von Gabi. Manche wollten sie auch anrufen, um sicherzugehen, dass sie ein bisschen Französisch sprach. Also gab Robert ihnen ihre Telefonnummer.

Ein paar Gastfamilien riefen Gabi an. Dann schickte sie ihnen Briefe. Schließlich entschied sie sich für eine passende Familie und arbeitete mit Alices Hilfe eine Vereinbarung mit ihnen aus. Schließlich fuhr Gabi voller Hoffnungen und Träume nach Frankreich.

* * *

Wörterbuch Französisch-Deutsch

Aa

(inf V) + -ais, -ais, -ait, -ions, -iez, -aient - würden; Je nagerais si je le pouvais. - Ich würde schwimen wenn ich konnte.
a - er/sie/es hat; Il a un livre. - Er hat ein Buch.
à - um, à une heure - um eins
à André / de André - André's; le livre de André - André's book
à côté de; proche; près d'ici - in der Nähe, nahe
à la mère / de la mère - der Muti (Dat)
à l'instant - jetzt
à partir de, depuis - seit
à peu près, environ - etwa
à pied - zu Fuß
à propos - übrigens
à qui - wessen
à suivre - Fortsetzung folgt
à, au, vers - zu; Je vais à la banque. - Ich gehe zur Bank.
à, chez - am, beim
abandonner - aufgeben
accepter - einverstanden sein
accident, un - der Unfall
accompagner - begleiten
accord, un; contrat, un - die Vereinbarung
accueillir - grüssen
achat, un - Einkauf
acheter - kaufen
adresse, une - die Adresse
âge, un - das Alter
agence - die Agentur
aide, une - die Hilfe; aider - helfen
aimer, apprécier - gefallen; Je l'apprécie. - Sie gefällt mir.
aîné, un - älter
air, l'- die Luft
alerte, une - der Alarm
Allemagne, l' - Deutschland
aller en/conduire - gehen, fahren; aller en bus/prendre le bus - mit dem Bus fahren; partir, s'en aller - weg gehen
aller: Je vais, tu vas, il/elle va, nous allons, vous allez, ils/elles...(+inf) – wird, werden, werde
allonger, s'allonger - liegen
allumer - anmachen; éteindre - ausmachen
alors que, depuis; à partir de, étant donné que - weil, denn, da
amenant - bringend
amener (quelque part) - füren, bringen j-n
ami, un; amie, une - der Freund
amical (M), amicale (F) - freundlich
amour, l' - die Liebe, aimer - lieben
analyse, une - die Analyse
animal, un; animaux, des (pl) - das Tier
année, une - das Jahr
appeler au téléphone - anrufen; appel, un - der Anruf; centre d'appels, un - Callcentre
appeler, téléphoner - anrufen
apprécier/bien aimer, aimer - mögen, lieben
apprenant - lernen
apprendre - lernen
apprendre à connaître quelqu'un - kennenlernen; Je suis enchanté(e) de faire votre connaissance. - Ich bin froh Sie kennenzulernen; apprendre à faire quelque chose - lernen etwas
approprié(e), correct(e), qui convient - passend
appuyant le pied sur - tretend
appuyer - drücken
après, passé - nach
argent liquide - das Bargeld; caisse enregistreuse, une - die Kasse
argent, de l'- das Geld
arme, une; pistolet, un - die Waffe
arranger - einrichten
arriver - ankommen
art, un - die Kunst
artiste, un/une - der Künstler
ascenseur, un - der Aufzug
aspirine, une / de l' - das Aspirin
assez - ziemlich
assiette, une - der Teller
astérisque, un - das Sternchen
astuce, une; tour de passe-passe, un - der Trick
attacher - anschnallen
attendre - warten
attention - die Aufmerksamkeit
attentionné (M), attentionnée (F) - sorgfältig
attentivement, soigneusement - vorsichtig
atterrir - landen
attraper - fangen, sich anhaken, hängenbleiben
au début, d'abord - erst
au lieu (+ du, de la, des) - anstelle von; à ta place - an deiner Stelle
au moins - wenigstens

au pair; jeune au pair, un - au pair
au revoir - auf wieder sehen, tschüss
aucun, pas de - keine, nein
au-dessus de - über
aujourd'hui - heute
autant, aussi, également - auch
autour de - umher
autre, un - andere
aux cheveux gris - grauhaarig
aux femmes / des femmes - der Frauen (Dat)
avaler - (hinunter)schlucken
avant (Zeit), devant (Lage) - vor, bevor
avant de faire (quelque chose) - zuvor, bevor
avec colère, en colère - wütend
avec, à - mit
aventure, une - das Abenteuer
avion, un - das Flugzeug
avoir besoin, devoir - brauchen
avoir honte - sich schämen; il a honte - er schämt sich
avoir, recevoir, obtenir - bekommen, kriegen, erhalten; avoir - haben

Bb
baleine, une - der Wal; orque, un - der Schwertwal
Banque Express - Express Bank
banque, une - die Bank
bas, en-bas - nach unten
bateau, un - das Schiff
bâtiment, un - das Gebäude
beau (M), belle (F), beaux, belles (PL) - wunderschön
beaucoup de, beaucoup - viel, viele
beurre, du - die Butter
bibliothèque, une; étagère à livres, une - das Bücherregal
bien que / quoi que (+ subj) - obwohl
bien sûr, évidemment - natürlich
bien, bon, de qualité - gut, schön
bientôt – bald
billions - Billionen
bip, un; signal, un - der Piepton
blanc (M), blanche (F) - weiß
bleu (M), bleue (F) - blau
boire - trinken
boîte, une - die Kiste
bon (M), bonne (F) / bien - gut
bonheur, le - das Glück

bonjour, allo - hallo
bord de mer, le - die Küste
bouilloire, une - der Kessel
bouton, un - der Knopf
braqueur, un - der Räber; braquage, un - der Diebstahl
bras, un - der Arm
bureau, un - der Schreibtisch, das Büro
bus, un - der Bus

Cc
cabinet de conseil, un - die Beratung
câble, un - das Kabel
cacher - sich verstecken; caché(e), cache-cache - das Versteckspiel
cachette, une - die Abdeckung
café, un/du - der Kaffee; das Café
cahier, un; calepin, un - das Notizbuch; cahiers, des - die Notizbücher
caillou, un; cailloux (PL) - der Stein
calmement, doucement - leise
campagne, la - das Land
capitaine, un - der Kapitän
carte, une; plan, un - die Karte
Casper - Kasper (Name)
casser - zerbrechen, zerschlagen
cassette vidéo, une - die Videokassette
CD, un - die CD
ce (M), cette (F), ça (N) - jener, jene, jenes
ce, cet (+noun) - dieser, diese, dieses ; ce livre - dieses Buch / ceci (+verb); ce truc - diese Dinge
ceintures, des - der Sicherheitsgurt
cent - hundert
central, centraux (M), centrale, centrales(F) - Haupt-, zentral
centre commercial, un - das Einkaufszentrum
centre, le - das Zentrum; centre-ville, le - das Stadtzentrum
cérémonie, une - die Feier
certains du, de la, des, de l' - ein paar
certains/certaines, du, de la, des, de l'; n'importe quel; tout, aucun - einige; n'importe quel- jede von
ces - diese, jene (pl.)
c'est pourquoi - deshalb
chaise, une - der Stuhl
chambre, une; pièce, une; espace, un - das Zimmer ; chambres, pièces - die Zimmer
champ, un - das Feld

chance, une - die Chance
changer - ändern; changement - die Änderung
chanter - singen
chanteur, un; chanteuse, une - der Sänger ; die Sängerin
chapeau, un - der Hut
charger - beladen; chargeur, un - der Verlader; camion, un - der Lastwagen
chat, un - die Katze
chaton, un - das Kätzchen
chaud (M), chaude (F) - warm
chef, le; gérant, le (Firma); directeur; le (Schule) - der Leiter / die Leiterin
chemin, un; passage, un - der Weg
cher (M), chère (F) - liebe
chercher - suchen
cheveux, des (PL) - das Haar
chien, un - der Hund
chimie, la - die Chemie
chimique - chemisch; produits chimiques - die Chemikalien
chiot, un - der Welpe
choisir - wählen, aussuchen
choisit - entschied sich für
chute, une - der Fall
cinq - fünf
cinquième - fünfter
classe, une - die Klasse
clavier, un - die Tastatur
clé / clef, une - der Schlüssel
client, un; cliente, une - der Kunde
club, un - der Verein
coffre-fort, un - der Tresor
collègue, un/une - der Kollege
combien - wie viel
combiné téléphonique, un - der Telefonhörer
comme - wie; Comme moi. - Wie ich.
comme si - als ob
commencer, se mettre à, démarrer - anfangen
comment - wie; Comment allez-vous? / Comment vas-tu? - Wie geht es Ihnen? / Wie geht es dir?
compétence, une - die Fähigkeit
compétences - die Fertigkeit(en)
compétition, une - der Wettbewerb
complet (M), complète (F); plein de, plein d' - voll
comprendre - verstehen

comprimé, un - die Tablette
conduire - fahren, conducteur, un - der Fahrer
conduire, être conduit, aller en... - fahren.
confus (M), confuse (F) - verwirrt
constant (M), constante (F) - beständig
consultant, un - der Berater
consulter - beraten
continuer - fortführen
contre - gegen
contrôle, un; test, un - die Kontrolle
convenir à… - geeignet sein für..
cool, super, génial - super, toll
coordination, une - die Koordination
correct (M), correcte (F) - richtig(er);
correctement - richtig ; incorrectement - falsch;
corriger - korrigieren
couler (le long de /vers le bas) - ablaufen
cour, une - der Hof
couramment - fließend
courant électrique, le / du - der Strom
courant, en courant - laufende
courir - rennen, joggen, laufen
cours, un - der Kurs
court (M), courte (F) - kurz
coûter - kosten
créatif (M), créative (F) - kreativ
créer - entwerfen, verfassen; création, une - der Entwurf, der Text
crier - schreien, rufen
criminel - kriminell, criminel, un - der Verbrecher
cristal, un; cristaux, des - das Kristall, die Kristalle
croire - glauben
cuisine, une - die Küche, das Kochen
cuisinière, une - der Herd

Dd
d'accord, Ok, bien, bon - okay, gut, alles klar
d'accueil - der Gastgeber
dans, à l'intérieur de, dedans, à, en - hinein; dans la rue, dehors - nach außen; dans - in, dans duex heure - in zwei Stunden;
danser - tanzen; dansait, avait dansé - tanzte; dansant - tanzend
date, une - das Datum
de l' /par - pro; Je gagne 10 euros de l'heure. - Ich verdiene zehn Euro pro Stunde.
de, des, d', de la part - aus

décharger - abladen
dehors, hors de/du, à l'extérieur - nach draussen
déjà - schon
demain - morgen
demander - fragen; demander (quelque chose) - fragen nach, bitten
démarrer (une machine/un moteur) - anmachen (nur ein Motor)
dépenser - ausgeben, verwenden
dernier - vorige, letzte
derrière - hinter
design, le - das Design
désolé (M), désolée (F) - leid tun; Je suis désolé(e). - Es tut mir leid.
détester - hassen
détruire - zerstören
détruit - zerstören
deux - zwei; deux fois - zweimal
deux-cent - zweihundert
deuxième prénom - der Vatersname, der zweite Name
devant (Lage) ; avant (Zeit) - gegen, vor, bevor
devant, avant - vorn
développer - entwickeln
devoir - müssen; Je dois partir. - Ich muss gehen.
devoir: je, tu ne dois pas / il ne doit pas / Nous ne devons pas / Vous ne devez pas/ Ils ne doivent pas - nicht dürfen
devoirs, les - die Hausaufgaben
différent (M), différente (F) - verschieden
difficile - schwer
difficile; dur (M), dure (F) - schwer
dimanche - Sonntag
dire - sagen
dirigeant, un - der Führer
discours, un - die Rede
dix - zehn
dixième - zehnter
dix-sept - siebzehn
docteur, un - der Arzt
donner - geben
dormir - schlafen
dortoirs ; résidences/chambres (universitaires) - das Studentenwohnheim
doucement - langsam
douze - zwölf
drôle - lustig

du, de la, de l', des; aucun; n'importe quel; tout - irgendein
durer - dauern
DVD - die DVD

Ee
eau, de l'- das Wasser
école maternelle, une - der Kindergarten
école, une - die Schule
écouter - hören; J'écoute de la musique. - Ich höre Musik.
écrire - schreiben
écrivain, un - der Schriftsteller
éditeur, un - der Herausgeber, der Redakteur
édition, une - der Verlag
éducation, l', la formation - die Ausbildung
effrayé - ängstlich
électrique - elektrisch
elle - sie
elle; son/sa/ses - sie (Akkusativ), ihr(e) (Possessivpronomen), à elle - ihr (Dativ)
email, courriel - die E-Mail
embêter, s'embêter - ärgern
embrasser - küssen
employeur, un - der Arbeitgeber
en / de caoutchouc - der Gummi
en dehors de, hors de, de - von, aus
en lisant - lesende
en marchant; marche, une, Promenade, une - spazierend; Spaziergang
en même temps - gleichzeitig
en plein air - draußen
enchanté (M), enchantée (F) - froh
encore - noch
encore, à nouveau - wieder
énergie, une/ l' - die Energie
enfant - das Kind
enfants, les - die Kinder
enfin - schließlich
enregistrer - aufnehmen
enseignant, un; enseignante, une - der Lehrer; die Lehrerin
enseigner - beibringen, lehren
ensemble - zusammen
ensuite, puis, après, alors - dann; après cela, après cela - danach
entraîner - trainieren; entraîné (M), entraînée (F) - trainiert
entre - zwischen

entreprise, une; firme, une - die Firma
environ, à peu près - etwa
envoyé - schickte
épagneul, un - der Spaniel
équipe, une - die Mannschaft
escaliers, des - die Treppe
espace, l' - das Weltall
Espagne, l' - Spanien
espoir, un - die Hoffnung; espérer - hoffen
essayer : j'essaie, tu essaies, il/on essaie, nous essayons, vous essayez, ils/elles essayent- versuchen
est, se trouve - ist, befindet sich
estimer - beurteilen
et - und
etc. - usw.
étoile, une - der Stern
étrange - fremd
être désolé(e) - leid tun; Je suis désolé(e). - Es tut mir leid.
être silencieux: je suis, tu es, il/elle est, nous sommes; vous êtes, ils/elles sont...+ silencieux / silencieuse(s) - schweigen
être/devenir reconnaissant - froh werden
être: je suis, tu es, il/elle est, nous sommes, vous êtes, ils/elles sont - zu sein
étudiant, un; étudiant, étudiante (adj) - der Student ; étudiants (M), étudiantes (F) - die Studenten
étudier - studieren, nen
Eurasie - Eurasien
euro, un - der Euro
eux, elles (human); celle-ci; celui-ci, celles-ci / ceux-ci (object) - sie (Akkusativ), ihr(e) (Possessivpronomen), à eux - ihnen (Dativ)
excuser - sich entschuldigen; Excusez-moi. /Excuse-moi - Entschuldigen Sie.
exemple, un - das Beispiel; par exemple - zum Beispiel
expérience, une / de l' - die Erfahrung
extra-terrestre, un - der Außerirdische

Ff
fâché, en colère - wütend
faim - hungrig
faire - machen; bouilloire, une - Teemaschine
faire semblant (de), prétendre - vorgeben; so tun, als ob

faire: je fais, tu fais, il/elle fait, nous faisons, vous faites, ils/elles font - machen
famille, une - die Familie
fatigué (M), fatiguée (F) - müde
favori, préféré (M); favorite, préférée(F) - Lieblings
féminin - weiblich
femme, une - die Frau
fenêtres - die Fenster ; fenêtre, une - das Fenster
fermé (M), fermées (F) - geschlossen
ferme, une - der Bauernhof
fermer - schließen
fermier, un - der Bauer
feu, un - das Feuer
fille, une - die Tochter, das Mädchen
film, un- film
fils, un - der Sohn
finance, la - die Finanzwissenschaft
fleur, une - die Blume
FLEX - Schule für Austauschschüler (SAS)
flotter, nager - schwimmen, treiben
fonctionnel - arbeitende
force, la/de la - die Stärke
forcer - zwingen
Ford - Ford
formulaire, un - das Formular
fort (M), forte (F) - starke; fortement- stark
fortement- stark; fort (M), forte (F) - stark
frein, un - die Bremse, freiner - bremsen
frère, un - der Bruder
froid (M), froide (F) - kalt; froideur, la - die Kälte
frotter - reiben (sich)
futur, le; futur/ future (adj) - zukünftig

Gg
gagner - verdienen
garçon,un; gars, un; type, un - der June
gars, un; type, un - der Junge
gaz, le - das Gas
genre, un; type, un - Art, Typ
gens, les - die Menschen
glace, une/ de la - das Eis
goûter, un; casse-croûte, un - der Imbiss
graine, une - das Saatgut
grand (M), grande (F); gros (M), grosse (F) - groß, gross, weit
gris (M), grise (F) - grau
guerre, la - der Krieg

guichetier, un; guichetière, une - der Kassierer
Hh
habillé (M), habillée (F) - gekleidet, angezogen
habituel (M), habituelle (F) - normal, gewöhnlich; habituellement - normalerweise
haut (M), haute (F) - hoch, laut
hé! / ohé! - hey!
heure(s) - Uhr; Il est deux heures. - Es ist zwei Uhr; heure, une - die Stunde; toutes les heures - stündlich
heureux (M), heureuse (F) - glücklich
hier - gestern
histoire, une - die Geschichte
homme, un - der Mann
hommes, les - die Männer
hors service - außer Betrieb
hôtel, un – das Hotel; hôtels - die Hotels
huit - acht
huitième - achter
humain, un - der Mensch; humain (M), humaine (F) - menschlich
hurlant - heulend
Ii
ici - hier (Ort), là-bas - hierher (Richtung); Ici, il y a, voici - hier ist / sind; là, y - dort (Platz)
idée, une - die Idee
idiot (M), idiote (F) - dumm
il – er ; ils (M), elles (F) - sie
il (M), elle (F), ce/cela/ça (N) - er, sie, es
il est temps de... - es ist an die Zeit, es ist soweit
il y a (+ Zeit) - vor; il y a un an - vor einem Jahr
image, photo - das Foto, das Bild
immédiatement - sofort
important (M), importante (F) - wichtig
inconscient (M), inconsciente (F) - bewusstlos
individuellement - einzeln
information, une - die Information, die Angabe
informer - informieren, mitteilen
ingenieur, un - der Ingenieur
injuste - ungerecht
intelligent (M), intelligente (F) - schlau, klug
intelligent, malin (M), intelligente, maligne (F) - intelligent
intéressant (M), intéressante (F) - interessant
invité, un; invitée, une - der Gast
Jj
j'aboyai/aboyais; tu aboyas/aboyais; il/elle aboya/aboyait; nous aboyâmes/aboyions; vous aboyâtes/aboyiez; ils/elles aboyèrent/aboyaient - bellte
j'accompagnai/accompagnais; tu accompagnas/accompagnais; il/elle accompagna/accompagnait; nous accompagnâmes/accompagnions; vous accompagnâtes/accompagniez; ils/elles accompagnèrent/accompagnaient - begleitet, begleitete
J'ai - ich habe, nous avons - wir haben, tu as / vous avez - du hast / ihr habt, il a - er / es hat, elle a - sie hat, ils ont - sie haben
j'aimai/aimais, tu aimas/aimais, il aima/aimait, nous aimâmes/aimions, vous aimâtes/aimiez, ils aimèrent/aimaient - liebte, geliebt
j'allumai/j'allumais, tu allumas/allumais, il/elle alluma allumait, nous allumâmes/allumions, vous allumâtes/allumiez, ils/elles allumèrent/allumaient - machte an
jamais - nie
jambe, une - das Bein
j'appelai/appelais; tu appelas/appelais; il/elle appela/appelait; nous appelâmes/appelions; vous appelâtes/appeliez; ils/elles appelèrent/appelaient - rief an
j'appris/apprenais; tu appris/apprenais; il/elle apprit/apprenait; nous apprîmes/apprenions; vous apprîtes/appreniez; ils/elles apprirent/apprenaient (quelque chose) - kennengelernt über..
jardin, un- der Garten
j'arrêtai/j'arrêtais; tu arrêtas/tu arrêtais; il arrêta/arrêtait; nous arrêtâmes/arrêtions; vous arrêtâtes/arrêtiez; ils/elles arrêtèrent/arrêtaient - beendete
j'arrivai/arrivais; tu arrivas/arrivais; il/elle arriva/arrivait; nous arrivâmes/arrivions; vous arrivâtes/arriviez; ils/elles arrivèrent/arrivaient- angekommen
jaune - gelb
je - ich
je attendis/attendais; tu attendis/attendais; il/elle attendit/attendait; nous attendîmes/attendions; vous attendîtes/attendiez; ils/elles attendirent/attendaient - wartete
je bougeai/bougeais, tu bougeas/bougeais, il/elle bougea/bougeait, nous

bougeâmes/bougions, vous bougeâtes/bougiez, ils/elles bougèrent/bougeaient - bewegte sich
je cachai/cachais; tu cachas/cachais; il/elle cacha/cachait; nous cachâmes/cachions; vous cachâtes/cachiez; ils/elles cachèrent/cachaient - versteckte
je commençai/commençais; tu commenças/commençais; il/elle commença/commençait; nous commençâmes/commencions; vous commençâtes/commenciez; ils/elles commencèrent/commençaient - begann, begonnen
je compris/comprenais; tu compris/comprenais; il/elle comprit/comprenait; nous comprîmes/comprenions; vous comprîtes/compreniez; ils/elles comprirent/comprenaient - verstanden, verstand
je conduisis/conduisais; tu conduisis/conduisais; il/elle conduisit/conduisait; nous conduisîmes/conduisions; vous conduisîtes/conduisiez; ils/elles conduisirent/conduisaient - fuhr
je demandai/demandais; tu demandas/demandais; il/elle demanda/demandait; nous demandâmes/demandions; vous demandâtes/demandiez; ils/elles demandèrent/demandaient - fragte, gefragt
je démarrai/démarrais; tu démarras/démarrais; il/elle démarra/démarrait; nous démarrâmes/démarrions; vous démarrâtes/démarriez; ils/elles démarrèrent/démarraient - machte an (den Motor); commencer - machen an (den Motor)
je dis/disais; tu dis/disais; il dit/disait; nous dîmes/disions; vous dîtes/disiez; ils/elles dirent/disaient - sagte
je donnai/donnais; tu donnas/donnais; il/elle donna/donnait; nous donnâmes/donnions; vous donnâtes/donniez; ils/elles donnèrent/donnaient - gab
je fermai; tu fermas; il/elle ferma; nous fermâmes; vous fermâtes; ils/elles fermèrent- schloss

je fis/faisais; tu fis/faisais; il/elle fit/faisait; nous fîmes/faisions; vous fîtes/faisiez; ils/elles firent/faisaient- machte
je fus/j'étais, tu fus/étais, il/elle fut/était, nous fûmes/étions, vous fûtes/étiez, ils/elles furent/étaient - waren
je fus/j'étais, tu fus/tu étais, il fut/ il était, nous fûmes/nous étions, vous fûtes/ vous étiez, ils furent/ils étaient - war
je marchai/marchais; tu marchas/marchais; il/elle marcha/marchait; nous marchâmes/marchions; vous marchâtes/marchiez; ils/elles marchèrent/marchaient - trat
Je me demande - ich frage mich
je me dépêchai/dépêchais; tu te dépêchas/dépêchais; il/elle se dépêcha/dépêchait; nous nous dépêchâmes/dépêchions; vous vous dépêchâtes/dépêchiez; ils/elles se dépêchèrent/dépêchaient - raste
je me souvins/souvenais, tu te souvins/souvenais, il/elle se souvint/souvenait, nous nous souvînmes/souvenions, vous vous souvîntes/souveniez, ils/elles se souvinrent/souvenaient - erinnerte sich
je m'envolai/m'envolais; tu t'envolas/t'envolais; il/elle s'envola/s'envolait; nous nous envolâmes/envolions; vous vous envolâtes/envoliez; ils/elles s'envolèrent/s'envolaient - flog weg
je montrai/montrais; tu montras/montrais; il/elle montra/montrait; nous montrâmes/montrions; vous montrâtes/montriez; ils/elles montrèrent/montraient - zeigte
je partis/partais; tu partis/partais; il/elle partit/partait; nous partîmes/partions; vous partîtes/partiez; ils/elles partirent/partaient - ging (weg)
je passai/passais; tu passas/passais; il/elle passa/passait; nous passâmes/passions; vous passâtes/passiez; ils/elles passèrent/passaient - abgelaufen
je pleurai/pleurais; tu pleuras/pleurais; il/elle pleura/pleurait; nous pleurâmes/pleurions; vous pleurâtes/pleuriez; ils/elles pleurèrent/pleuraient - rief

je pris/prenais; tu pris/prenais; il/elle prit/prenait; nous prîmes/prenions; vous prîtes/preniez; ils/elles prirent/prenaient - nahm
je pus/pouvais; tu pus/pouvrais; il/elle put/pouvait; nous pûmes/pouvions; vous pûtes/pouviez; ils/elles purent/pouvaient - könnte
je recommandai/recommandais; tu recommandas/recommandais; il/elle recommanda/recommandait; nous recommandâmes/recommandions; vous recommandâtes/recommandiez; ils/elles recommandèrent/recommandaient - empfiehl
je regardai/regardais; tu regardas/regardais; il regarda/regardait; nous regardâmes/regardions; vous regardâtes/regardiez; ils/elles regardèrent/regardaient - sah, schaute, geschaut
je répondis/répondais; tu répondis/répondais; il/elle répondit/répondait; nous répondîmes/répondions; vous répondîtes/répondiez; ils/elles répondirent/répondaient - geantwortet, antwortete
je sonnai/sonnais; tu sonnas/sonnais; il/elle sonna/sonnait; nous sonnâmes/sonnions; vous sonnâtes/sonniez; ils/elles sonnèrent/sonnaient - klingelte
je souriai/souriais; tu souris/souriais; il/elle souria/souriait; nous souriâmes/souriions; vous souriâtes/souriiez; ils/elles sourièrent/souriaient - lächelte, gelächelt
je sus/savais, tu sus/savais, il/elle sut/savait, nous sûmes/savions, vous sûtes/saviez, ils/elles surent/savaient - wusste
je terminai/terminais, tu terminas/terminais, il/elle termina/terminait, nous terminâmes/terminions, vous terminâtes/terminiez, ils/elles terminèrent/terminaient - machte fertig
je tirai; tu tiras/tirais; il/elle tira/tirait; nous tirâmes/tirions; vous tirâtes/tiriez; ils/elles tirèrent/tiraient...sur (quelqu'un) - schoss; angeschossen
je travaillai/travaillais; tu travaillas/travaillais; il/elle travailla/travaillait; nous travaillâmes/travaillions; vous travaillâtes/travailliez; ils/elles travaillèrent/travaillaient - arbeitete, gearbeitet

je trouvai/trouvais; tu trouvas/trouvais; il/elle trouva/trouvait; nous trouvâmes/trouvions; vous trouvâtes/trouviez; ils/elles trouvèrent/trouvaient - gefunden
je tuai/tuais; tu tuas/tuais; il/elle tua/tuait; nous tuâmes/tuiions; vous tuâtes/tuiiez; ils/elles tuèrent/tuaient - tötete, getötet *(part.)*
Je vais, tu vas, il/elle va, nous allons, vous allez, ils/elles vont - Ich werde
je vins/venais; tu vins/venais; il/elle vint/venait; nous vînment/venions; vous vîntes/veniez; ils/elles vinrent- kam, gekommen
je vis/venais; tu vis/venais; il/elle vit/venait; nous vîmes/venions; vous vîtes/veniez; ils/elles virent/venaient - sah
je visitai/visitais; tu visitas/visitais; il/elle visita/visitait; nous visitâmes/visitions; vous visitâtes/visitiez; ils/elles visitèrent/visitaient - besuchte
je voulus/voulais, tu voulus/voulais, il/elle voulut/voulait, nous voulûmes/voulions, vous voulûtes/vouliez, ils/elles voulurent/voulaient - wollte
je, me, moi - mich / mir
j'écrivis/écrivais; tu écrivis/écrivait; il/elle écrivait; nous écrivîmes/écrivions; vous écrivîtes/écriviez; ils/elles écrivirent/écrivaient - schrieb
j'entendis/j'entendais; tu entendis/entendais; il/elle entendit/entendait; nous entendîmes/entendions; vous entendîtes/entendiez; ils entendirent/entendaient - hörte, gehört
j'essayai/essayais; tu essayas/essayais; il/elle essaya/essayait; nous essayâmes/essayions; vous essayâtes/essayiez; ils/elles essayèrent/essayaient - versuchte
j'estimai/estimais; tu estimas/estimais; il/elle estima/estimait; nous estimâmes/estimions; vous estimâtes/estimiez; ils/elles estimèrent/estimaient - ausgewertet
jeu, un; jeux, des (PL) - das Spiel
jeune - jung; jeune garçon, un - der Junge
j'eus/j'avais, tu eus/avais, il/elle eut/avait, nous eûmes/avions, vous eûtes/aviez, ils/elles eurent/avaient - hatte, gehabt
j'habitai/habitais; tu habitas/habitais; il/elle habita/habitait; nous habitâmes/habitions; vous

habitâtes/habitiez; ils/elles habitèrent/habitaient - lebte
j'informai/j'informais; tu informas/informais; il/elle informa/informait; nous informâmes/informions; vous informâtes/informiez; ils/elles informèrent/informaient - informierte, teilte mit
joindre - kommen in
joli, beau (M); jolie, belle (F) - schön
j'oublia/oubliais, tu oublias/oubliais, il/elle oublia/ oubliait, nous oubliâmes/oubliions, vous oubliâtes/ oubliiez, ils oublièrent/oubliaient - vergessen
jouer - spielen
jouet, un - das Spielzeug
jour, un - der Tag, au quotidien, tous les jours, par jour - täglich, jeden Tag
journal, un; journaux, des (PL) - die Zeitung
journaliste, un / une - der Journalist
j'ouvrai/ouvrais; tu ouvras/ouvrais; il/elle ouvra/ouvrait; nous ouvrâmes/ouvrions; vous ouvrâtes/ouvriez; ils/elles ouvrièrent/ouvraient - öffnete
j'ouvris/ouvrais; tu ouvris/ouvrais; il/elle ouvrit/ouvrait; nous ouvrîmes/ouvrions; vous ouvrîtes/ouvriez; ils/elles ouvrirent/ouvraient - geöffnet, öffnete
jusqu'à - bis, zu
juste, seulement - nur

Kk
kangourou, un - das Känguru
kilomètre(s) - der Kilometer

Ll
la carte de l'homme - der Plan des Mannes
la plupart, le plus / les plus - meist, grösste Teil
lac, un - der See
laisser - lassen
langue, une - die Sprache
laser, un - der Laser
lavant, nettoyant - waschend; laver, nettoyer - waschen
laver - waschen
laver, nettoyer - waschen
le long de - entlang
le même (M), la même (F), les mêmes (PL) - der Gleiche
le plus près - nächste
le plus souvent possible - so oft wie möglich

leçon, une - die Unterrichtsstunde, die Aufgabe
lecteur CD - der CD-Spieler
lecture, une - das Lesen
légèrement - leicht
les États-Unis - die USA
lettre, une - der Brief
leur(s), eux - ihr
l'heure, de l'heure - eine Stunde, pro Stunde
libérer - freisetzen
libre, gratuit - frei
limite, une - die Begrenzung
lion, un - der Löwe
lire - lesen
liste, une - die Liste
lits - die Betten; lit, un - das Bett
livre, un - das Buch
loin, loin de - weit; plus loin - weiter
long (M), longue (F) - lang
lui- ihn (Akkusativ), sein(e) (Possessivpronomen), à lui - ihm
l'un d'entre - jeder
l'un l'autre - einander
Lundi - Montag

Mm
machine à laver, une - die Waschmaschine
machine, une - die Maschine
madame - die Madame
magasin vidéo - die Videothek
magasin, un - der Laden ; magasins - die Läden
magazine, un - die Zeitschrift
main, une - Hand
maintenant, en ce moment - jetzt, zurzeit, gerade
mais - aber
maison, une - das Zuhause, das Haus
maman, une; mère, une - Mama, die Mutter
manger - essen
manuel, un - das Fachbuch
marche, une - der Schritt; marcher sur quelque chose - treten
marcher - gehen
marcher, aller- gehen
marié - verheitatet (ein Mann); mariée - verheitatet (eine Frau)
masculin - männlich
matelas, un - die Matratze
matin, le - der Morgen

mauvais, méchant (M), mauvaise, méchante (F) - schlecht
médical (M); médicale (F), médicales/médicaux (PL) - medizinisch
meilleur (M), meilleure (F), mieux - beste
meilleur, meilleure; mieux - besser
membre, un - das Mitglied
menottes, des - die Handschellen
mental (M), mentale (F), mentaux, mentales (PL), intellectuel (lle) - Kopfarbeit
mer, la - das Meer
mère, une - die Mutter
merveilleux (M), merveilleuse (F) - wunderbar
métal, un - das Metall
méthode, une - die Methode
mètre, un - der Meter
mettre - anziehen; mettre dans - einstecken
mettre le cap - lenken
meubles, les - die Möbel
microphone, un - das Mikrofon
mille - tausend
mince - verdammt
minou, un - die Miezekatze
minute, une - die Minute
mobile - das Handy
moi, à moi - mir
moins que, moins de - weniger
mois, un - der Monat
moitié - halb
moitié, une - halb
moment, un - der Moment
mon (M), ma (F), mes (PL) - mein, meine, mein
mon, le mien - mein
monde, le - die Welt
monotone - monoton
monsieur - der Herr
montre, une - die Uhr
montrer - zeigen
morceau de papier, un - das Blatt
mordre - beißen
mortel (M), mortelle (F) - tödlich
moteur, un - der Motor
vélo, un - das Fahrrad
mots - die Wörter, die Vokabeln ; mot, un - das Wort, die Vokabel
mouillé (M), mouillée (F) - nass
mourir - sterben, je mourus/remuais; tu mourus/mourais; il/elle mourut/mourait; nous mourûmes/mourions; vous mourûtes/mouriiez; ils/elles moururent/mouraient - starb
moustique, un- die Stechmücke
museau, un; nez, un - die Nase
musique, la - die Musik
mystère, un; énigme, une - das Rätsel
Nn
nager, flotter - schwimmen; nageant, flottant - schwimmend
natif, un; native, une; natal, natale (adj) - die Mutter(sprache)
nationalité, une - die Nationalität
nature, la - die Natur
nettoyage, un - die Reinigung
nettoyant - putzend
nettoyé (M), nettoyée (F) - säuberte
nettoyer/faire avec soin - wegnehmen
neuf - neun
neuvième - neunter
nez, un - die Nase
n'importe quoi, quelque chose - etwas
noir (M), noire (F) - dunkel, schwarz
nom, un - der Name ; appeler, nommer, citer - nennen
non, aucun, pas de - nein
note, une - die Notiz
notre (+sing), nos (+pl) - unser
nourrir - füttern
nourriture, de la - das Lebensmittel
nous - wir, uns
nouveau, récent (M), nouvelle, récente (F); nouveaux, nouvelles, récents, récentes (PL) - neu
nuit, la - die Nacht
numéro, un - die Nummer
Oo
obtenir - bekommen, (etwas) erhalten
œil, un - das Auge ; yeux, des - eyes die Augen
officier, un - der Polizist
Oh! - Oh!
oiseau, un - der Vogel
OK, bien, bon - gut, alles klar
olympique - olympisch
onze - elf
ordinateur, un - der Computer
ordonner - befehlen
oreille, une - das Ohr
ou - oder

où - wo
oublier - vergessen
oui - ja
ouvrir - öffnen

Pp
pain, du - das Brot
pâle - blass
paniquer - in Panik
pantalon, un (sing) - die Hose
papa, un - der Vater, Papa; à / de papa - Vatis (Dat)
papier, un - das Papier
par, à travers - hindurch
parachute - der Fallschirm; parachutiste, un/une - der Fallschirmspringer
parachutiste rembourré, un - die Fallschirmspringerpuppe
parc, un - der Park ; parcs - die Parks
parce que, car - weil
Parents, les - die Eltern
parfois - manchmal, ab und zu
par-là, là-bas - dorthin (Richtung)
parler - sprechen, sich unterhalten
parler de; expliquer - erklären; Pourriez vous l'expliquer?/Pourriez-vous en parler - Können Sie das erklären?
parti (M), partie (F) - weg sein
participant, un - der Teilnehmer
particulièrement - vor allem
partie, une - der Teil
partir, s'en aller - weggehen, wegfahren, verlassen
pas - nicht
passé, le (Zeit); en passant devant (Lage) - vorbei
passer du temps - Zeit verbringen
passer, réussir - eine Prüfung bestehen
patrouille, une - die Patroiulle, die Streife
pause, une - die Pause
pauvre - arm
payé - bezahlte, gezahlt
payer - bezahlen
pays, un - das Land (Staat)
pendant - im Verlauf, während, zu Zeiten; pendant ce temps - in der Zwischenzeit
penser, réfléchir - denken
perdre - verlieren
permettre, autoriser - erlauben, gestatten

permis de conduire, le - der Führerschein
personne - niemand
personne, une - die Person
personnel - persönlich
petit (M), petite (F) - klein
petit ami, un; copain, un - der Freund
petit-déjeuner, un - das Frühstück; prendre le petit déjeuner - frühstücken
petite amie, une / copine, une - die Freundin
petites annonces, les - das Inserat
pétrole, du - das Öl
peut, peut-être, pourrait - dürfen, können, wahrscheinlich; Je vais (peut-être) aller à la banque. - Ich kann zur Bank gehen.
pharmacie, une - die Apotheke
photographe, un/une - der Fotograf
photographier/ prendre en photo - fotografieren; photographie, une - die Fotografie
phrase, une - der Satz
pied, un - der Fuß; à pied - zu Fuß
pilote, un / une - der Pilot
placer verticalement - stellen; placer horizontalement - liegen
placer, mettre - legen; place, une, lieu(x), un, endroit, un - der Platz
plafond, un - das Dach
plaisir, un - der Spaß
planète, une - der Planet
plateau - das Essen
pleurer - weinen
pluie, la - der Regen
plus - mehr
plus près - näher
poche, une - die Tasche
pointait vers - richtete
police, la - die Polizei
policier, un - policeman, policier (M), policière (F) - der Polizist
pont, un - die Brücke
porte, une - die Tür
porter - bringen in Händen; transporter - transportieren
possibilité, une - die Möglichkeit
possible - möglich
poste de télévision, un - der Fernseher
poste, un - die Position, die Station
postuler à - sich bewerben
pot, un - der Krug

poupée, une - die Puppe
pour, afin de - um.. zu..
pour, pendant - für
pourquoi - warum
poursuite, une - die Verfolgung
pousser- stoßen, ziehen
premier (M), première (F), premièrement (adv) - der erste
prendre - nehmen
prendre du/son temps - Zeit zuteilen / finden; Cela prend cinq minutes. - Es nimmt fünf Minuten.
prendre part - teilnehmen
prendre place, s'asseoir - sich hinsetzen
prendre position, obtenir un poste - eine Stelle bekommen
prendre soin de - sich kümmern um
préparer - vorbereiten (sich)
près de - gleich
près d'ici - nahe
prêt (M); prête (F) - fertig
pris (M), prise (F) - genommen
prix, un - der Preis
problème, un - das Problem
proche, près/à côté d'ici, voisin - der Nächste, in der Nähe
produire - herstellen
profession, une - der Beruf
programmateur, un - der Programmierer
programme - das Programm
projet, un; plan, un - der Plan; planifier - planen
propre - sauber; laver - putzen
propre, le mien / le tien / le sien - eigener, eigene, eigenes
propriétaire, un/une - der Besitzer
protéger - beschützen
puant - stinkend
public, un - das Publikum
publicité, une; petites annonces, les - die Werbung
puis, ensuite, après, alors - dann
Qq
quand, lorsque - wenn
quarante-quatre - vierundvierzig
quatre - vier
quatrième - vierter
que - dass; Je sais que ce livre est intéressant. - Ich weiß, dass dieses Buch interessant ist.
que, qu' - als; Nicolas est plus vieux que Louise. - Nikolai ist älter als Louise.
que, qu'est ce que, quoi / quel, quelle - was; Qu'est ce que c'est ? - Was ist das?; Quelle table? - Welchen Tisch?
quelque chose - etwas
quelqu'un - jemand (jemanden)
Qu'en est-il de…? - was ist mit…?
questionnaire, un - der Fragebogen
queue, une - der Schwanz, die Schlange
qui, que, quel - der, die, das *(konj.)*; wer
quinze - fünfzehn
quitter - verlassen
Rr
radar, un - der Radar
radio, une - das Radio
raison, une - der Grund
rapide - schnelle; rapidement - schnell
rapidement - schnell, rapide- schnelle(r)
rarement - selten
rat, un - die Ratte
réchauffer - aufwärmen
recommander - empfehlen; recommandation, une - die Empfehlung
récompense, une - die Entlohnung
reçu,un; ticket, un - die Quittung
réel, vrai - wirkliche
réellement, vraiment - wirklich
refuser - ablehnen
regarder - schauen, betrachten, zuschauen
règlement, un - die Regel
rétablir, guérir, soigner - gesund pflegen; rétablissement, guérison, une - die Genesung, Rehabilitation
remercier - danken; Je vous remercie. - Danke. Merci - Danke.
remplir - füllen
remplir, compléter - ausfüllen
rencontrait, rencontra - getroffen, traf, kennengelernt
rencontrer - treffen, kennenlernen
répandre - übergreifen
repas, un; nourriture, de la - das Essen
répondeur, un - der Anrufbeantworter
réponse, une - die Antwort, répondre - antworten, erwidern
reporter - berichten; reporter, un - der Reporter
rester - bleiben

retirer - abnehmen
retour, de retour - zurück
réussi (M), réussie (F) - schaffen, erfolgreich
rêve, un - der Traum; rêver - träumen
ricochet, un - das Abprall
rien - nichts
rire - lachen
rivage, le; bord, le - die Küste
robe, une - Kleidung
robinet, un - der Wasserhahn
rond, autour - rund
roue, une - das Rad
rouge - rot
route, une; rue, une; passage, un - die Straße
rubrique, une - die Rubrik
rue, une - die Straße ; rues - die Straßen
rusé - schlauer; avec ruse - schlau
Russe (noun) ; russe (adj) - Russe (m), Russin (f); russisch
Russie, la - Russland

Ss

sable, le - der Sand
sac, un - die Tasche
saison, une - die (Jahres)zeit
sale - dreckig
salle de bain, une - das Bad, das Badezimmer; baignoire, une - die Badewanne; table de salle de bain, une - der Badezimmertisch
salle de classe, une - das Klassenzimmer
salut - hallo
Samedi - Samstag
sandwich, un - das Sandwich
sans - ohne
santé, la - die Gesundheit
s'asseoir - sich setzen; asseoir - sitzen
s'asseoir: je m'assieds, tu t'assieds, il s'assied, nous nous asseyons, vous vous asseyez, ils s'asseyent - sich hinsetzen
s'assurer - eine Überzeugung gewinnen
sauf, mais - außer, ausgenommen
sauter - springen; saut, un - der Sprung
sauver, secourir - retten
savoir, connaître - kennen, wissen
savoir, être capable de, pouvoir - können; Je sais lire. - Ich kann lesen.
savoureux (M), savoureuse (F) - lecker
se diriger, aller - gehen
se glacer - erstarren

se jetant - schaukelnd
se lever - aufstehen, stehen; Lève-toi! - Steh auf!
se noyer, plonger - sinken, eintauchen
se produire - passieren; s'est produit (M), s'est produite (F) - passiert
se rendre compte, apprendre (quelque chose) - erfahren
seau, un - der Eimer
sécher - trocknen; sec (M), sèche (F) - trocken
second, deuxième - zweiter
secouer, trembler - zittern
secret, un - das Geheimnis
secrétaire, une - die Sekretärin
secrètement - heimlich
semaine, une - die Woche
sensation, une - das Gefühl
sept - sieben
septième - siebter
sergent, un - der Polizeihauptmeister
série, une - die Serie
sérieusement - ernst
servant, un (M), servante, une (F) - der Bedienstete
service du personnel, le - die Personalabteilung
services de secours, les - der Rettungsdienst
servir - bedienen
seulement, juste - nur
s'exclamer - (aus)rufen
sexe, un - das Geschlecht
si - ob, wenn, falls
si - ob
si, tellement - deswegen, deshalb
siège, un - der Sitz
signifier - bedeuten
s'il vous plaît (formal), s'il te plaît (informal) - bitte
silencieusement, en silence - schweigend
silencieux (M), silencieuse (F) - leise
simple - einfach
sincèrement - offenherzig
singe, un - der Affe
s'inquiéter - sich Sorgen machen
sirène, une - die Sirene
site Internet, un - die Website
situation, une - die Situation
six - sechs
sixième - sechster

société, une - die Firma
sœur, une - die Schwester
soir, le - der Abend
soixante - sechzig
sol, par terre - der Boden
sommeil, un - der Schlaf
son (+m), sa (+f), ses (+pl); lui - sein, seine; ihn; son lit - sein Bett
sonner - klingeln; sonnerie, une - das Klingeln
s'opposer - dagegen sein, protestieren
sortir - aussteigen
sortir, amener / obtenir / se rendre, aller (Richtung) - erreichen, langen; herausziehen
soudainement, tout à coup - plötzlich
soulever - heben
souligner - unterstreichen
sourire - lächeln
sourire, un - das Lächeln
sous - unter
souvent - oft
spectacle de l'air, un - die Flugschau
sport, un - der Sport; magasin de sport, un - das Sportgeschäft
place, une - der Platz
standard, aux normes - der Standard, Standard
station de chemin de fer, un - der Bahnhof
statut, un - der Stand; statut familial - der Familienstand
stopper, arrêter, s'arrêter - anhalten
crayon, un – der Stift ; crayons - die Stifte
supermarché, un - der Supermarkt
sur - auf
sûr (M), sûre (F), volontiers! - sicher
surprendre - überraschen
surpris (M), surprise (F) - überrascht, verwundert
surprise, une - die Überraschung
Tt
table, une - der Tisch ; tables - die Tische
tâche, une - die Aufgabe
talent, un - die Begabung
tanker, un, pétrolier, un - der Tanker
taper, battre - schlagen
tapis, un - der Teppich
tasse, une - die Tasse
taxi, un - das Taxi; chauffeur de taxi, un - der Taxifahrer

téléphone, un - das Telefon; téléphoner - anrufen, telefonieren
télévision, une - der Fernseher
temps, le ; fois - die Zeit, das Wetter; le temps passe - die Zeit läuft
terminer - beenden
terre, une - Land, die Erde
test, un; examen, un, contrôle, un - die Prüfung, test
tester - prüfen
tête, une - der Kopf
texte, un - der Text
thé, un / du - der Tee
ticket, un - die Fahrkarte
tigre, un - der Tiger
tirer - ziehen
toilettes, les - die Toilette
tombé(e), qui est tombé(e) - fallend
tomber - fallen
ton, tas, tes (informal)/ votre, vos (formal) / le tien, la tienne, les tiens - dein / Ihr
total (M), totale (F) - absolut
toujours, encore - noch, weiterhin, immer
tourna - drehte (sich)
tourner - durchblättern
tourner la tête ailleurs - sich abwenden
tous les (+m); toutes les (+f) - jeder, jede, jedes
tout - alles
tout autour - vielseitig, alles könnend
tout le monde - alle
tout, toute, tous, toutes - alle
traducteur, un - der Übersetzer
train, un - der Zug
transport, un - der Transport
travail, emploi, un - die Arbeit; travailler - arbeiten
travail à mi-temps - die Teilzeitarbeit; travail à temps complet, un - Vollzeitarbeit
travail d'écriture, un - Schreibarbeit
travail manuel, un - die Handarbeit
agence d'emploi, une - die Arbeitsvermittlung
travailleur, un - der Arbeiter
trente - dreißig
très - sehr
triste - traurig
trois - drei
troisième - dritter

trop (superlative) - zu; trop grand (M), trop grande (F) - zu gross
trouver - finden
truc, un ; chose, une - das Ding, die Sache
tu, vous, toi - du, Sie, ihr

Uu
un (M), une (F) - ein
un (petit) peu - ein bisschen
un autre, une autre - ein anderer, eine andere, ein anderes
un de plus, une de plus - noch einen
un moyen - Art und Weise
un par un (m), une par une (f) - einer nach dem anderen
un peu, peu - wenig
une fois - einmal
unique, célibataire - ledig
université, une - die Universität
utiliser - benutzen

Vv
V + ons / allons-nous + inf V - lass uns
vague, une - die Welle
vaisseau spatial, un; vaisseaux spatial, des - das Raumschiff
vendeur, un - der Verkäufer / die Verkäuferin
vendre - verkaufen
venir, aller, entrer - kommen, hineingehen
vent, le - der Wind
vérifier - kontrollieren
verre, du - das Glas
vers la / à droite - rechts
vers la gauche / à gauche - links
verser - schütten
vert (M), verte (F) - grün
veste, une - die Jacke

vétérinaire, un - der Tierarzt
vide - leer
vie, la - das Leben; astuce de sauvetage, une - der Rettungstrick
vieux (M), vieille (F) - alt
village, un - das Dorf
ville, une - die Stadt
vingt - zwanzig
vingt-cinq - fünfundzwanzig
vingt-et-un - einundzwanzig
virer - feuern
visage, un - das Gesicht
visiteur, un - der Gast, der Besucher
vitesse, la - die Geschwindigkeit
vitrine de magasin - das Schaufenster
vivant (M), vivante (F); habitant - wohnhaft
vivre - leben, wohnen
voir - sehen
voisin, proche, à côté, près de; suivant/suivante - der nächste
voisin, un - der Nachbar
voiture, une - das Auto
voix, une - die Stimme
volé (M), volée (F) - gestohlen
voler - stehlen, fliegen
voleur, un; voleuse, une - der Dieb; voleurs, des; voleuses, des - die Diebe
vouloir - wollen
voyage, un - Fahrt
voyager - reisen
vrai - das Recht

Zz
zèbre, un - das Zebra
zoo, un - der Zoo

Wörterbuch Deutsch-Französisch

Aa
Abend - soir, le
Abenteuer - aventure, une
aber - mais
abgelaufen - je passai/passais; tu passas/passais; il/elle passa/passait; nous passâmes/passions; vous passâtes/passiez; ils/elles passèrent/passaient
abladen - décharger
ablaufen - couler (le long de /vers le bas)
ablehnen - refuser
abnehmen - retirer
Abprall - ricochet, un
absolut - total (M), totale (F)
acht - huit; achter - huitième
Adresse - adresse, une
Affe - singe, un
Agentur - agence
Alarm - alerte, une
alle, alles - tout, toute, tous, toutes; tout le monde
als - que, qu'; Nikolai ist älter als Louise. - Nicolas est plus vieux que Louise.
als ob - comme si
alt - vieux (M), vieille (F)
Alter - âge, un
älter - aîné
am, beim - à, chez
Analyse - analyse, une
andere - autre, un
ändern - changer; die Änderung - changement
André's - à André / de André; André's book - le livre de André
anfangen - commencer, démarrer, se mettre à
angekommen - j'arrivai/arrivais; tu arrivas/arrivais; il/elle arriva/arrivait; nous arrivâmes/arrivions; vous arrivâtes/arriviez; ils/elles arrivèrent/arrivaient
ängstlich - effrayé
anhalten - stopper, arrêter, s'arrêter
ankommen - arriver
anmachen - allumer; anmachen (nur ein Motor) - démarrer (une machine/un moteur)
Anrufbeantworter - répondeur, un
anrufen - appeler au téléphone; der Anruf - appel, un; Callcentre - centre d'appels, un
anschnallen - attacher
anstelle von - au lieu (+ du, de la, des); an deiner Stelle - à ta place
Antwort - réponse, une; antworten, erwidern - répondre
anziehen - mettre
Apotheke - pharmacie, une
Arbeit - travail; arbeiten - travailler
arbeitende - fonctionnel
arbeitete, gearbeitet - je travaillai/travaillais; tu travaillas/travaillais; il/elle travailla/travaillait; nous travaillâmes/travaillions; vous travaillâtes/travailliez; ils/elles travaillèrent/travaillaient
Arbeitgeber - employeur, un
Arbeitsvermittlung - agence d'emploi, une; der Arbeiter - travailleur, un
ärgern - embêter, s'embêter
arm - pauvre
Art, Typ - genre, un; type, un; Art und Weise - un moyen
Arzt - docteur, un
Aspirin - aspirine, une / de l'
au pair - au pair; jeune au pair, un
auch - autant, aussi, également
auf - sur; auf wiedersehen - au revoir
Aufgabe - tâche, une
aufgeben - abandonner
Aufmerksamkeit - attention, une
aufnehmen - enregistrer
aufstehen - se lever; Steh auf! - Lève-toi!
aufwärmen - réchauffer
Aufzug - ascenseur, un
aus - de, des, d', de la part
aus, von - en dehors de
Ausbildung - éducation, l', la formation
ausfüllen - remplir, compléter
ausgeben, verwenden - dépenser
ausgewertet - j'estimai/estimais; tu estimas/estimais; il/elle estima/estimait; nous estimâmes/estimions; vous estimâtes/estimiez; ils/elles estimèrent/estimaient
ausmachen - éteindre
ausrufen - s'exclamer
außer Betrieb - hors service
außer, ausgenommen - sauf, mais
Außerirdische - extra-terrestre, un
aussteigen - sortir

Auto - voiture, une
avoir honte - sich schämen

Bb

Bad, das Badezimmer - salle de bain, une; die Badewanne - baignoire, une; der Badezimmertisch - table de salle de bain, une
Bahnhof - station de chemin de fer, un
bald - bientôt
Bank - banque, une
Bargeld - argent liquide; die Kasse - caisse enregistreuse, une
Bauer - fermier, un
Bauernhof - ferme, une
bedeuten - signifier
bedienen - servir
Bedienstete - servant, un (M), servante, une(F)
beenden - terminer
beendete - j'arrêtai/j'arrêtais; tu arrêtas/tu arrêtais; il arrêta/arrêtait; nous arrêtâmes/arrêtions; vous arrêtâtes/arrêtiez; ils/elles arrêtèrent/arrêtaient
befehlen - ordonner
Begabung - talent, un
begann, begonnen - je commençai/commençais; tu commenças/commençais; il/elle commença/commençait; nous commençâmes/commencions; vous commençâtes/commenciez; ils/elles commencèrent/commençaient
begleiten - accompagner
begleitet, begleitete - j'accompagnai/accompagnais; tu accompagnas/accompagnais; il/elle accompagna/accompagnait; nous accompagnâmes/accompagnions; vous accompagnâtes/accompagniez; ils/elles accompagnèrent/accompagnaient
Begrenzung - limite, une
beibringen, lehren - enseigner
Bein - jambe, une
Beispiel - exemple, un; zum Beispiel - par exemple
beißen - mordre
bekommen, kriegen, erhalten - avoir, recevoir, obtenir
beladen - charger; der Verlader - chargeur, un; der Lastwagen - camion, un

bellte - j'aboyai/aboyais; tu aboyas/aboyais; il/elle aboya/aboyait; nous aboyâmes/aboyions; vous aboyâtes/aboyiez; ils/elles aboyèrent/aboyaient
benutzen - utiliser
beraten - consulter
Berater - consultant, un
Beratung - cabinet de conseil, un
berichten - reporter; der Reporter - reporter, un
Beruf - profession, une
beschützen - protéger
Besitzer - propriétaire, un/une
besser - meilleur, meilleure; mieux
beständig - constant (M), constante (F)
beste - meilleur (M), meilleure (F), mieux
besuchte - je visitai/visitais; tu visitas/visitais; il/elle visita/visitait; nous visitâmes/visitions; vous visitâtes/visitiez; ils/elles visitèrent/visitaient
Betten - lits; das Bett - lit, un
beurteilen - estimer
bevor - avant de faire (quelque chose)
bewegte sich - je bougeai/bougeais, tu bougeas/bougeais, il/elle bougea/bougeait, nous bougeâmes/bougions, vous bougeâtes/bougiez, ils/elles bougèrent/bougeaient
bewusstlos - inconscient (M), inconsciente (F)
bezahlen - payer
bezahlte, gezahlt - payé
Billionen - billions
bis, zu - jusqu'à
bisschen - un (petit) peu
bitte - s'il vous plaît (formal), s'il te plaît (informal)
blass - pâle
Blatt - morceau de papier, un
blau - bleu (M), bleue (F)
bleiben - rester
Blume - fleur, une
Boden - sol, par terre
braqueur, un - der Räber
brauchen - avoir besoin, devoir
Bremse - frein, un; bremsen - freiner
Brief - lettre, une
bringen - amener; bringen in Händen - porter; transportieren - transporter
bringend - amenant
Brot - pain, du

Brücke - pont, un
Bruder - frère, un
Buch - livre, un
Bücherregal - bibliothèque, une; étagère à livres, une
Büro - bureau, un
Bus - bus, un
Butter - beurre, du

Cc

cache - das Versteckspiel - caché(e), cache; die Abdeckung - cachette, une
cacher - sich verstecken
Café - café, un
CD - CD, un
CD-Spieler - lecteur CD
Chance - chance, une
Chemie - chimie, la
chemisch - chimique; die Chemikalien - produits chimiques
Computer - ordinateur, un

Dd

da, weil - alors que, depuis
Dach - plafond, un
dagegen sein, protestieren - s'opposer
danken - remercier; Danke - Je vous remercie.; Danke. - Merci
dann - ensuite, puis, après, alors; danach - après cela, après cela
dass - que; Ich weiß, dass dieses Buch interessant ist. - Je sais que ce livre est intéressant.
Datum - date, une
dauern - durer
dein / Ihr - ton, tas, tes (informal)/ votre, vos (formal) / le tien, la tienne, les tiens
déjeuner, un - das Frühstück - petit; frühstücken - prendre le petit déjeuner
denken - penser, réfléchir
der, die, das *(konj.)* - qui, que, quel
deshalb - c'est pourquoi; si, tellement
Design - design, le
deswegen - si, tellement
Deutschland - l'Allemagne,
Dieb - voleur, un; voleuse, une; die Diebe - voleurs, des; voleuses, des
Diebstahl - braquage, un; der Arm - bras, un
diese - ces
diese Dinge - ce truc

dieser, diese, dieses - ce, cet (+noun); dieses Buch / ceci (+verb) - ce livre
Ding, die Sache - truc, un ; chose, une
Dorf - village, un
dort (Platz) - ici, là, y
dorthin (Richtung) - par-là, là-bas
draußen - en plein air
dreckig - sale
drehte (sich) - tourna
drei - trois
dreißig - trente
dritter - troisième
drücken - appuyer
du / ihr - tu, vous, toi
du, Sie, ihr - tu, vous, toi
dumm - idiot (M), idiote (F)
dunkel, schwarz - noir (M), noire (F)
durchblättern - tourner
dürfen, können - peut, peut-être, pourrait; Kann ich Ihnen helfen? - Puis-je vous aider?
DVD - DVD

Ee

eigener, eigene, eigenes - propre, le mien / le tien / le sien
Eimer - seau, un
ein - un (M), une (F)
ein anderer, eine andere, ein anderes - un autre, une autre
einander - l'un l'autre
einer nach dem anderen - un par un (m), une par une (f)
einfach - simple
einige - certains/certaines, du/de la/de l', tout, aucun
einige - certains/certaines, du, de la, des, de l'; n'importe quel; jede von - n'importe quel
Einkauf - achat, un
Einkaufszentrum - centre commercial, un
einmal - une fois
einrichten - arranger
einstecken - mettre dans
einundzwanzig - vingt-et-un
einverstanden (adj) - d'accord / entendu; einverstanden sein - accepter
einzeln - individuellement
Eis - glace, une/ de la
elektrisch - électrique
elf - onze

Eltern - les Parents
E-Mail - email, courriel
empfehlen - recommander; die Empfehlung - recommandation, une
empfiehl - je recommandai/recommandais; tu recommandas/recommandais; il/elle recommanda/recommandait; nous recommandâmes/recommandions; vous recommandâtes/recommandiez; ils/elles recommandèrent/recommandaient
Energie - énergie, une/ l'
entlang - le long de
Entlohnung - récompense, une
entschied sich für - choisit
entwickeln - développer
Entwurf, der Text - création, une
er - il; sie - ils (M), elles (F)
er, sie, es - il (M), elle (F), ce/cela/ça (N)
Erde - terre, la
erfahren - se rendre compte, apprendre (quelque chose)
Erfahrung - expérience, une / de l'
erinnerte sich - je me souvins/souvenais, tu te souvins/souvenais, il/elle se souvint/souvenait, nous nous souvînmes/souvenions, vous vous souvîntes/souveniez, ils/elles se souvinrent/souvenaient
erklären - parler de; expliquer;
erlauben, gestatten - permettre, autoriser
ernst - sérieusement
erreichen, langen; herausziehen - sortir, amener / obtenir / se rendre, aller (Richtung)
ersetzt alle Possessivpronomen (Singular und Plural), wenn das Subjekt im Satz der Besitzer des - son, sa, ses *Objektes ist*
erst - au début, d'abord
erste - premier (M), première (F), premièrement (adv)
erstarren - se glacer
es ist an die Zeit, es ist soweit - il est temps de...
essen - manger
Essen - plateau, repas, un; nourriture, de la
être silencieux: je suis, tu es, il/elle est, nous sommes; vous êtes, ils/elles sont...+ silencieux / schweigen - silencieuse(s)
etwa - environ, à peu près
etwas - n'importe quoi, quelque chose
Eurasien - Eurasie

Euro - euro, un
Express Bank - Banque Express
Ff
Fachbuch - manuel, un
Fähigkeit - compétence, une
fahren - conduire; der Fahrer - conducteur, un
Fahrkarte - ticket, un
Fahrrad - vélo, un
Fahrt - voyage, un
Fall - chute, une
fallen - tomber
fallend - tombé(e), qui est tombé(e)
Fallschirm - parachute
Fallschirmspringer - parachutiste, un/une
Fallschirmspringerpuppe - parachutiste rembourré, un
Familie - famille, une
fangen, sich anhaken, hängenbleiben - attraper
Feier - cérémonie, une
Feld - champ, un
Fenster - fenêtre, une; Fenster - fenêtres
Fernseher - poste de télévision, un; télévision, une
fertig - prêt (M); prête (F)
Fertigkeit(en) - compétences
Feuer - feu, un
feuern - virer
film - film, un
Finanzwissenschaft - finance, la
finden - trouver
Firma - entreprise, une; firme, une; société, une
fliegen - voler
fließend - couramment
flog weg - je m'envolai/m'envolais; tu t'envolas/t'envolais; il/elle s'envola/s'envolait; nous nous envolâmes/envolions; vous vous envolâtes/envoliez; ils/elles s'envolèrent/s'envolaient
Flugschau - spectacle de l'air, un
Flugzeug - avion, un
Ford - Ford
Formular - formulaire, un
fortführen - continuer
Fortsetzung folgt - à suivre
Foto, das Bild - image, photo
Fotograf - photographe, un/une
fotografieren - photographier/ prendre en photo; die Fotografie - photographie, une

Fragebogen - questionnaire, un
fragen nach, bitten - demander (quelque chose)
fragte, gefragt - je demandai/demandais; tu demandas/demandais; il/elle demanda/demandait; nous demandâmes/demandions; vous demandâtes/demandiez; ils/elles demandèrent/demandaient
Frau - femme, une
Frauen (Dat) - aux femmes / des femmes
frei - libre, gratuit
freisetzen - libérer
fremd - étrange
Freund - ami, un; amie, une; petit ami, un; copain, un
Freundin - petite amie, une / copine, une
freundlich - amical (M), amicale (F)
froh - enchanté (M), enchantée (F); froh werden - être/devenir reconnaissant
fuhr - je conduisis/conduisais; tu conduisis/conduisais; il/elle conduisit/conduisait; nous conduisîmes/conduisions; vous conduisîtes/conduisiez; ils/elles conduisirent/conduisaient
Führer - dirigeant, un
Führerschein - permis de conduire, le
füllen - remplir
fünf - cinq
fünfter - cinquième
fünfundzwanzig - vingt-cinq
fünfzehn - quinze
für - pour, pendant
füren, bringen j-n - amener (quelque part)
Fuß - pied, un; zu Fuß - à pied
füttern - nourrir

Gg

gab - je donnai/donnais; tu donnas/donnais; il/elle donna/donnait; nous donnâmes/donnions; vous donnâtes/donniez; ils/elles donnèrent/donnaient
Garten - jardin, un
Gas - gaz, le
Gast, der Besucher - visiteur, un; invité, un; invitée, une
Gastgeber - d'accueil
geantwortet, antwortete - je répondis/répondais; tu répondis/répondais; il/elle répondit/répondait; nous répondîmes/répondions; vous répondîtes/répondiez; ils/elles répondirent/répondaient
Gebäude - bâtiment, un
geben - donner
geeignet sein für.. - convenir à…
gefallen - aimer, apprécier; Sie gefällt mir. - Je l'apprécie.
Gefühl - sensation, une
gefunden - je trouvai/trouvais; tu trouvas/trouvais; il/elle trouva/trouvait; nous trouvâmes/trouvions; vous trouvâtes/trouviez; ils/elles trouvèrent/trouvaient
gegen, vor, bevor - devant (Lage) ; avant (Zeit); contre
Geheimnis - secret, un
gehen - se diriger, marcher, aller; weg gehen - partir, s'en aller; mit dem Bus fahren - aller en bus/prendre le bus
gekleidet, angezogen - habillé (M), habillée (F)
gelb - jaune
Geld - argent, de l'
genommen - pris (M), prise (F)
geöffnet, öffnete - j'ouvris/ouvrais; tu ouvris/ouvrais; il/elle ouvrit/ouvrait; nous ouvrîmes/ouvrions; vous ouvrîtes/ouvriez; ils/elles ouvrirent/ouvraient
Geschichte - histoire, une
Geschlecht - sexe, un
geschlossen - fermé (M), fermées (F)
Geschwindigkeit - vitesse, la
Gesicht - visage, un
gestern - hier
gestohlen - volé (M), volée (F)
gesund pflegen - rétablir, guérir, soigner; die Genesung, Rehabilitation - rétablissement, guérison, une
Gesundheit - santé, la
getroffen, traf, kennengelernt - rencontrait, rencontra
gewöhnlich - habituel (M), habituelle (F)
ging (weg) - je partis/partais; tu partis/partais; il/elle partit/partait; nous partîmes/partions; vous partîtes/partiez; ils/elles partirent/partaient
Glas - verre, du
glauben - croire
gleich - près de

Gleiche - le même (M), la même (F), les mêmes (PL)
gleichzeitig - en même temps
Glück - bonheur, le
glücklich - heureux (M), heureuse (F)
grau - gris (M), grise (F)
grauhaarig - aux cheveux gris
groß - grand (M), grande (F); gros (M), grosse (F)
groß - grand (m), grande (f)
gross, weit - grand (M), grande (F)
grösste Teil - la plupart de
grün - vert (M), verte (F)
Grund - raison, une
grüssen - accueillir
Gummi - en / de caoutchouc
gut, alles klar - d'accord, OK, bien, bon

Hh
Haar - cheveux, des (PL)
haben - avoir
halb - moitié, une
halb - moitié
hallo - bonjour, allo, salut
Hand - main, une
Handarbeit - travail manuel, un
Handschellen - menottes, des
Handy - mobile
hassen - détester
hatte, gehabt - j'eus/j'avais, tu eus/avais, il/elle eut/avait, nous eûmes/avions, vous eûtes/aviez, ils/elles eurent/avaient
Haupt-, zentral - central, centraux (M), centrale, centrales(F)
Haus - maison, une
Hausaufgaben - devoirs, les
heben - soulever
heimlich - secrètement
Helfer - aide, une
Herausgeber, der Redakteur - éditeur, un
Herd - cuisinière, une
Herr - monsieur
Herr - monsieur
herstellen - produire
heulend - hurlant
heute - aujourd'hui
hey! - hé! / ohé!
hier (Ort) - ici, il y a, voici; hierher (Richtung) - là-bas

Hilfe - aide, une; helfen - aider
hindurch - par, à travers
hinein - dans, à l'intérieur de
hinter - derrière
hoch - haut (M), haute (F)
Hof - cour, une
Hoffnung - espoir, un; hoffen - espérer
hören - écouter; Ich höre Musik. - J'écoute de la musique.
hörte, gehört - j'entendis/j'entendais; tu entendis/entendais; il/elle entendit/entendait; nous entendîmes/entendions; vous entendîtes/entendiez; ils entendirent/entendaient
Hose - pantalon, un (sing)
Hotel - hôtel, un; die Hotels - hôtels
Hund - chien, un
hundert - cent
hungrig - faim
Hut - chapeau, un

Ii
ich - je
ich frage mich - Je me demande
ich habe - J'ai, wir haben - nous avons, du hast / ihr habt - tu as / vous avez, er / es hat - il a, sie hat - elle a, sie haben - ils ont
Ich werde - Je vais, tu vas, il/elle va, nous allons, vous allez, ils/elles vont
Ich würde schwimen wenn ich konnte. - (inf V) + -ais, -ais, -ait, -ions, -iez, -aient - würden; Je nagerais si je le pouvais.
Idee - idée, une
ihn (Akkusativ), sein(e) (Possessivpronomen) - lui; ihm - à lui
ihr - leur(s), eux
im Verlauf, während - pendant
Imbiss - goûter, un; casse-croûte, un
in - dans, à, en, dedans, à l'intérieur de; in zwei Stunden - dans duex heure
in der Nähe - à côté de; proche
in der Zwischenzeit - pendant ce temps
in Panik - paniquer
in, auf - dans/à/en, sur, à/chez
Information, die Angabe - information, une
informieren, mitteilen - informer
informierte, teilte mit - j'informai/j'informais; tu informas/informais; il/elle informa/informait; nous informâmes/informions; vous

informâtes/informiez; ils/elles informèrent/informaient
Ingenieur - ingenieur, un
Inserat - petites annonces, les
intelligent - intelligent, malin (M), intelligente, maligne (F)
interessant - intéressant (M), intéressante (F)
irgendein - du, de la, de l', des; aucun; n'importe quel; tout
ist, befindet sich - est, se trouve

Jj
ja - oui
Jacke - veste, une
Jahr - année, une
Jahreszeit - saison, une
jeder, jede, jedes - tous les (+m); toutes les (+f)
jemand (jemanden) - quelqu'un
jene (pl.) - ces
jener, jene, jenes - ce (M), cette (F), ça (N)
jetzt, zurzeit, gerade - maintenant, en ce moment, à l'instant
Journalist - journaliste, un / une
June - garçon, un; gars, un; type, un
jung - jeune
Junge - gars, un; type, un

Kk
Kabel - câble, un
Kaffee - café, un/du
kalt - froid (M), froide (F); die Kälte - froideur, la
kam, gekommen - je vins/venais; tu vins/venais; il/elle vint/venait; nous vînmes/venions; vous vîntes/veniez; ils/elles vinrent
Känguru - kangourou, un
Kapitän - capitaine, un
Karte - carte, une; plan, un
Kasper (Name) - Casper
Kassierer - guichetier, un; guichetière, une
Kätzchen - chaton, un
Katze - chat, un
kaufen - acheter
keine, nein - aucun, pas de
kennen, wissen - savoir, connaître
kennengelernt über... - j'appris/apprenais; tu appris/apprenais; il/elle apprit/apprenait; nous apprîmes/apprenions; vous apprîtes/appreniez; ils/elles apprirent/apprenaient (quelque chose)
kennenlernen - apprendre à connaître quelqu'un; Ich bin froh Sie kennenzulernen. - Je suis enchanté(e) de faire votre connaissance.
Kessel - bouilloire, une
Kilometer - kilomètre(s)
Kind - enfant
Kinder - enfants, les
Kindergarten - école maternelle, une
Kiste - boîte, une
Klasse - classe, une
Klassenzimmer - salle de classe, une
Kleidung - robe, une
Kleidung - robe, une
klein - petit (M), petite (F)
klingeln - sonner; das Klingeln - sonnerie, une
klingelte - je sonnai/sonnais; tu sonnas/sonnais; il/elle sonna/sonnait; nous sonnâmes/sonnions; vous sonnâtes/sonniez; ils/elles sonnèrent/sonnaient
Knopf - bouton, un
Kochen - cuisine, une
Kollege - collègue, un/une
kommen in - joindre
kommen, hineingehen - venir, aller, entrer
können - savoir, être capable de, pouvoir; Ich kann lesen. - Je sais lire. Können Sie das erklären? - Pourriez vous l'expliquer?/Pourriez-vous en parler?
könnte - je pus/pouvais; tu pus/pouvrais; il/elle put/pouvait; nous pûmes/pouvions; vous pûtes/pouviez; ils/elles purent/pouvaient
Kontrolle - contrôle, un; test, un
kontrollieren - vérifier
Koordination - coordination, une
Kopf - tête, une
Kopfarbeit - intellectuel (lle), mental (M), mentale (F), mentaux, mentales (PL)
kosten - coûter
kreativ - créatif (M), créative (F); entwerfen, verfassen - créer
Krieg - guerre, la
kriminell - criminel; der Verbrecher - criminel, un
Kristall, die Kristalle - cristal, un; cristaux, des
Krug - pot, un
Küche - cuisine, une
Kunde - client, un; cliente, une
Kunst - art, un

Künstler - artiste, un/une
Kurs - cours, un
kurz - court (M), courte (F)
küssen - embrasser
Küste - rivage, le; bord, le
Ll
Lächeln - sourire, un
lächelte, gelächelt - je souriai/souriais; tu sourias/souriais; il/elle souria/souriait; nous souriâmes/souriions; vous souriâtes/souriiez; ils/elles sourièrent/souriaient
lachen - rire
Laden - magasin, un; die Läden - magasins
Land - terre, une; Land (Staat) - pays, un; campagne, la
landen - atterrir
lang - long (M), longue (F)
langsam - doucement
Laser - laser, un
lass uns - V + ons / allons-nous + inf V
lassen - laisser
laufende - courant, en courant
laut - haut
Leben - vie, la
leben, wohnen - vivre
Lebensmittel - nourriture, de la
lebte - j'habitai/habitais; tu habitas/habitais; il/elle habita/habitait; nous habitâmes/habitions; vous habitâtes/habitiez; ils/elles habitèrent/habitaient
lecker - savoureux (M), savoureuse (F)
ledig - unique, célibataire
leer - vide
legen - placer, mettre; der Platz - place, une, lieu(x), un, endroit, un
Lehrer; die Lehrerin - enseignant, un; enseignante, une
leicht - légèrement
leid tun - être désolé(e); Es tut mir leid. - Je suis désolé(e).
leise - silencieux (M), silencieuse (F); calmement, doucement
Leiter / die Leiterin - chef, le; gérant, le (Firma); directeur; le (Schule)
lenken - mettre le cap
lernen - apprenant; lernen etwas - apprendre à faire quelque chose
Lesen - lecture, une; lesen - lire

lesende - en lisant
Liebe - amour, l'; lieben - aimer
liebe - cher (M), chère (F)
Lieblings - favori, préféré (M); favorite, préférée (F)
liebte, geliebt - j'aimai/aimais, tu aimas/aimais, il aima/aimait, nous aimâmes/aimions, vous aimâtes/aimiez, ils aimèrent/aimaient
lief weg - je partis/partais, tu partis/partais, il/elle partit/partait, nous partîmes/partions, vous partîtes/partiez, ils partirent/partaient...en courant
liegen - allonger, s'allonger
links - vers la gauche / à gauche
Liste - liste, une
Löwe - lion, un
Luft - l'air,
lustig - drôle
Mm
machen - faire: je fais, tu fais, il/elle fait, nous faisons, vous faites, ils/elles font; machen an (den Motor) - an (den Motor); commencer
machte - je fis/faisais; tu fis/faisais; il/elle fit/faisait; nous fîmes/faisions; vous fîtes/faisiez; ils/elles firent/faisaient
machte an - j'allumai/j'allumais, tu allumas/allumais, il/elle alluma allumait, nous allumâmes/allumions, vous allumâtes/allumiez, ils/elles allumèrent/allumaient
machte fertig - je terminai/terminais, tu terminas/terminais, il/elle termina/terminait, nous terminâmes/terminions, vous terminâtes/terminiez, ils/elles terminèrent/terminaient
Madame - madame
Mädchen - fille, une
Mama, die Mutter - maman, une; mère, une
manchmal, ab und zu - parfois
Mann - homme, un
Männer - hommes, les
männlich - masculin
Mannschaft - équipe, une
Maschine - machine, une
Matratze - matelas, un
medizinisch - médical (M); médicale (F), médicales/médicaux (PL)
Meer - mer, la
mehr - plus

mein - mon, le mien
mein, meine, mein - mon (M), ma (F), mes (PL)
meist - la plupart, le plus / les plus
Mensch - humain, un
Menschen - gens, les
menschlich - humain (M), humaine (F)
Metall - métal, un
Meter - mètre, un
Methode - méthode, une
mich / mir - je, me, moi
Miezekatze - minou, un
Mikrofon - microphone, un
Minute - minute, une
mir - moi, à moi
mit - avec, à
Mitglied - membre, un
Möbel - meubles, les
mögen, lieben - apprécier/bien aimer, aimer
möglich - possible
Möglichkeit - possibilité, une
Moment - moment, un
Monat - mois, un
monoton - monotone
Montag - Lundi
Morgen - matin, le
morgen - demain
Motor - moteur, un
mots - die Wörter, die Vokabeln
müde - fatigué (M), fatiguée (F)
Musik - musique, la
müssen - devoir; Ich muss gehen. - Je dois partir.
Muti (Dat)- à la mère / de la mère
Mutter - mère, une
Mutter(sprache) - natif, un; native, une; natal, natale (adj)
Nn
nach - après, passé
nach draussen - dehors, hors de/du, à l'extérieur
nach unten - bas, en-bas
Nachbar - voisin, un
Nächste, in der Nähe - proche, près/à côté d'ici, voisin
Nacht - nuit, la
nahe - près d'ici
näher - plus près

nahm - je pris/prenais; tu pris/prenais; il/elle prit/prenait; nous prîmes/prenions; vous prîtes/preniez; ils/elles prirent/prenaient
Name - nom, un; nennen - appeler, nommer, citer
Nase - museau, un; nez, un
Nationalität - nationalité, une
Natur - nature, la
natürlich - bien sûr, évidemment
nehmen - prendre
nein - non, aucun, pas de
neu - nouveau, récent (M), nouvelle, récente (F); nouveaux, nouvelles, récents, récentes (PL)
neun - neuf
neunter - neuvième
nicht - pas
nicht dürfen - (ne pas) devoir: je, tu ne dois pas / il ne doit pas / Nous ne devons pas / Vous ne devez pas/ Ils ne doivent pas
nichts - rien
nie - jamais
niemand - personne
noch - autre; encore
noch einen - un de plus/un autre (M), une de plus/une autre (F)
noch, weiterhin, immer - toujours, encore
normal - habituel (M), habituelle (F);
normalerweise - habituellement
Notiz - note, une
Notizbuch - cahier, un; calepin, un; die
Notizbücher - cahiers, des
Nummer - numéro, un
nur - seulement, juste
Oo
ob - si
obwohl - bien que / quoi que (+ subj)
oder - ou
œil, un - das Auge; eyes die Augen - yeux, des
offenherzig - sincèrement
öffnen - ouvrir
öffnete - j'ouvrai/ouvrais; tu ouvras/ouvrais; il/elle ouvra/ouvrait; nous ouvrâmes/ouvrions; vous ouvrâtes/ouvriez; ils/elles ouvrièrent/ouvraient
oft - souvent
Oh! - Oh!
ohne - sans
Ohr - oreille, une

okay, gut - d'accord, Ok, bien, bon
Öl - pétrole, du
olympisch - olympique
Pp
paar - certains du, de la, des, de l'
Papa - papa, un
Papier - papier, un
Park - parc, un; die Parks - parcs
passend - approprié(e), correct(e), qui convient
passieren - se produire; passiert - s'est produit (M), s'est produite (F)
Patrouille, die Streife - patrouille, une
Pause - pause, une
Person - personne, une
Personalabteilung - service du personnel, le
persönlich - personnel
Piepton - bip, un; signal, un
Pilot - pilote, un / une
Plan - projet, un; plan, un; planen - planifier;
Plan des Mannes - la carte de l'homme
Planet - planète, une
Platz - place, une
plötzlich - soudainement, tout à coup
policeman - policier, un; der Polizist - policier (M), policière (F)
Polizei - police, la
Polizeihauptmeister - sergent, un
Polizist - officier, un
Position - poste, un
Preis - prix, un
pro - de l' /par; Ich verdiene zehn Euro pro Stunde. - Je gagne 10 euros de l'heure.
Problem - problème, un
Programm - programme
Programmierer - programmateur, un
prüfen - tester
Prüfung - test, un; examen, un; eine Prüfung bestehen - passer, réussir
Publikum - public, un
Puppe - poupée, une
putzend - nettoyant
Qq
Quittung - reçu,un; ticket, un
Rr
Rad - roue, une
Radar - radar, un
Radio - radio, une

raste - je me dépêchai/dépêchais; tu te dépêchas/dépêchais; il/elle se dépêcha/dépêchait; nous nous dépêchâmes/dépêchions; vous vous dépêchâtes/dépêchiez; ils/elles se dépêchèrent/dépêchaient
Rätsel - mystère, un; énigme, une
Ratte - rat, un
Raumschiff - vaisseau spatial, un; vaisseaux spatial, des
Recht - vrai
rechts - vers la / à droite
Rede - discours, un
Regel - règlement, un
Regen - pluie, la
reiben (sich) - frotter
Reinigung - nettoyage, un
reisen - voyager
rennen, joggen, laufen - courir
retten - sauver, secourir
Rettungsdienst - services de secours, les
Rettungstrick - astuce de sauvetage, une
richtete - pointait vers
richtig(er) - correct (M), correcte (F); richtig - correctement; falsch - incorrectement; korrigieren - corriger
rief - je pleurai/pleurais; tu pleuras/pleurais; il/elle pleura/pleurait; nous pleurâmes/pleurions; vous pleurâtes/pleuriez; ils/elles pleurèrent/pleuraient
rief an - j'appelai/appelais; tu appelas/appelais; il/elle appela/appelait; nous appelâmes/appelions; vous appelâtes/appeliez; ils/elles appelèrent/appelaient
rot - rouge
Rubrik - rubrique, une
rund - rond, autour
Russe (m), Russin (f); russisch - Russe, un (nom) ; russe (adj)
Russland - Russie, la
Ss
Saatgut - graine, une
sagen - dire
sagte - je dis/disais; tu dis/disais; il dit/disait; nous dîmes/disions; vous dîtes/disiez; ils/elles dirent/disaient

sah - je vis/venais; tu vis/venais; il/elle vit/venait; nous vîmes/venions; vous vîtes/veniez; ils/elles virent/venaient
sah, schaute, geschaut - je regardai/regardais; tu regardas/regardais; il regarda/regardait; nous regardâmes/regardions; vous regardâtes/regardiez; ils/elles regardèrent/regardaient
Samstag - Samedi
Sand - sable, le
Sandwich - sandwich, un
Sänger ; die Sängerin - chanteur, un; chanteuse, une
Satz - phrase, une
sauber; laver - putzen - propre
säuberte - nettoyé (M), nettoyée (F)
schaffen, erfolgreich - réussi (M), réussie (F)
schauen, betrachten - regarder
Schaufenster - vitrine de magasin
schaukelnd - se jetant
schickte - envoyé
Schiff - bateau, un
Schlaf - sommeil, un
schlafen - dormir
schlagen - taper, battre
Schlange - queue, la
schlau, klug - intelligent (M), intelligente (F); rusé
schlecht - mauvais, méchant (M), mauvaise, méchante (F)
schließen - fermer
schließlich - enfin
schloss - je fermai; tu fermas; il/elle ferma; nous fermâmes; vous fermâtes; ils/elles fermèrent
schlucken - avaler
Schlüssel - clé / clef, une
schnell - rapidement; schnelle(r) - rapide
schnelle - rapide; schnell - rapidement
schon - déjà
schön - joli, beau (M); jolie, belle (F)
schön - bien, de qualité
schoss; angeschossen - je tirai; tu tiras/tirais; il/elle tira/tirait; nous tirâmes/tirions; vous tirâtes/tiriez; ils/elles tirèrent/tiraient...sur (quelqu'un)
Schreibarbeit - travail d'écriture, un
schreiben - écrire

Schreibtisch - bureau, un
schreien, rufen - crier
schrieb - j'écrivis/écrivais; tu écrivis/écrivait; il/elle écrivait; nous écrivîmes/écrivions; vous écrivîtes/écriviez; ils/elles écrivirent/écrivaient
Schriftsteller - écrivain, un
Schritt - marche, une; treten - marcher sur quelque chose
Schule - école, une; Schule für Austauschschüler (SAS) - FLEX
schütten - verser
Schwanz - queue, une
schwarz - noir
schweigend - silencieusement, en silence
schwer - difficile; dur (M), dure (F)
Schwester - sœur, une
schwimmen, treiben - flotter, nager
schwimmend - nageant, flottant
sechs - six
sechster - sixième
sechzig - soixante
See - lac, un
sehen - voir
sehr - très
sein, ihr, ihr - son (+ m), sa (+ f), ses (+pl); sein Buch - son livre
sein, seine - son (+m), sa (+f); sein Bett - son lit
seit - à partir de, depuis
Sekretärin - secrétaire, une
selten - rarement
Serie - série, une
si – ob, wenn, falls
sich abwenden - tourner la tête ailleurs
sich bewerben - postuler à
sich entschuldigen - excuser; Entschuldigen Sie. - Excusez-moi. /Excuse-moi
sich hinsetzen - s'asseoir: je m'assieds, tu t'assieds, il s'assied, nous nous asseyons, vous vous asseyez, ils s'asseyent; prendre place
sich kümmern um - prendre soin de
sich setzen - s'asseoir; sitzen - asseoir
sich Sorgen machen - s'inquiéter
sich unterhalten - parler
sicher - sûr (M), sûre (F), volontiers!
Sicherheitsgurt - ceintures, des
sie (Akkusativ), ihr(e) (Possessivpronomen), à eux - ihnen (Dativ) - eux, elles (human); celle-ci; celui-ci, celles-ci / ceux-ci (object)

sieben - sept
siebter - septième
siebzehn - dix-sept
singen - chanter
sinken, eintauchen - se noyer, plonger
Sirene - sirène, une
Situation - situation, une
Sitz - siège, un
so oft wie möglich - le plus souvent possible
sofort - immédiatement
Sohn - fils, un
Sonntag - dimanche
sorgfältig - attentionné (M), attentionnée (F)
Spaniel - épagneul, un
Spanien - Espagne, l'
Spaß - plaisir, un
spazierend; Spaziergang - en marchant; marche, une, Promenade, une
Spiel - jeu, un; jeux, des (PL)
spielen - jouer
Spielzeug - jouet, un
Sport - sport, un; das Sportgeschäft - magasin de sport, un
Sprache - langue, une
sprechen - parler
springen - sauter; der Sprung - saut, un
Stadt - ville, une
Stand - statut, un; der Familienstand - statut familial
Standard, Standard - standard, aux normes
stark - fortement; stark - fort (M), forte (F)
Stärke - force, la/de la
starke - fort (M), forte (F); stark - fortement
Station - poste, un
Stechmücke - moustique, un
stehen - se lever
stehlen - voler
Stein - caillou, un; cailloux (PL)
Stelle bekommen - prendre position, obtenir un poste
stellen - placer verticalement; liegen - placer horizontalement
sterben - mourir; starb - je mourus/remuais; tu mourus/mourais; il/elle mourut/mourait; nous mourûmes/mourions; vous mourûtes/mouriiez; ils/elles moururent/mouraient
Stern - étoile, une
Sternchen - astérisque, un

Stift - crayon, un; die Stifte - crayons
Stimme - voix, une
stinkend - puant
stoßen, ziehen - pousser
Straße - route, une; rue, une; passage, un
Strom - courant électrique, le / du
Student - étudiant, un; étudiant, étudiante (adj); die Studenten - étudiants (M), étudiantes (F)
Studentenwohnheim - dortoirs; résidences/chambres (universitaires)
studieren - étudier
studieren, nen - étudier
Stuhl - chaise, une
Stunde - heure, une; stündlich - toutes les heures; pro Stunde - l'heure, de l'heure
suchen - chercher
super, toll - cool, super, génial
Supermarkt - supermarché, un
Tt
Tablette - comprimé, un
Tag - jour, un
Tag - jour, un; täglich, jeden Tag - au quotidien, tous les jours, par jour
Tanker - tanker, un, pétrolier, un
tanzen - danser; tanzte - dansait, avait dansé; tanzend - dansant
Tasche - sac, un
Tasche - poche, une
Tasse - tasse, une
Tastatur - clavier, un
tausend - mille
Taxi - taxi, un; der Taxifahrer - chauffeur de taxi, un
Tee - thé, un / du
Teemaschine - bouilloire, une
Teil - partie
Teil - partie, une
teilnehmen - prendre part
Teilnehmer - participant, un
Teilzeitarbeit - travail à mi-temps
Telefon - téléphone, un; anrufen - téléphoner
Telefonhörer - combiné téléphonique, un
Teller - assiette, une
Teppich - tapis, un
test - test, un; contrôle, un
Text - texte, un
Tier - animal, un; animaux, des (pl)
Tierarzt - vétérinaire, un

Tiger - tigre, un
Tisch - table, une; die Tische - tables
Tochter - fille, une
tödlich - mortel (M), mortelle (F)
Toilette - toilettes, les
Toll! - cool, super, génial
tötete, getötet *(part.)* - je tuai/tuais; tu tuas/tuais; il/elle tua/tuait; nous tuâmes/tuiions; vous tuâtes/tuiiez; ils/elles tuèrent/tuaient
trainieren - entraîner; trainiert - entraîné (M), entraînée (F)
Transport - transport, un
trat - je marchai/marchais; tu marchas/marchais; il/elle marcha/marchait; nous marchâmes/marchions; vous marchâtes/marchiez; ils/elles marchèrent/marchaient
Traum - rêve, un; träumen - rêver
traurig - triste
travail, un; emploi, un - die Arbeit
treffen, kennenlernen - rencontrer
Treppe - escaliers, des
Tresor - coffre-fort, un
tretend - appuyant le pied sur
Trick - astuce, une; tour de passe-passe, un
trinken - boire
trocknen - sécher; trocken - sec (M), sèche (F)
tschüss - au revoir
Tür - porte, une

Uu

über - au-dessus de
übergreifen - répandre
überraschen - surprendre
überrascht, verwundert - surpris (M), surprise (F)
Überraschung - surprise, une
Übersetzer - traducteur, un
Überzeugung gewinnen - s'assurer
übrigens - à propos
Uhr - montre, une; heure(s); Es ist zwei Uhr. - Il est deux heures.
um - à, um eins - à une heure
um.. zu.. - pour, afin de
umher - autour de
und - et
Unfall - accident, un
ungerecht - injuste
Universität - université, une
uns - nous
unser - notre (+sing), nos (+pl)
unter - sous
Unterrichtsstunde, die Aufgabe - leçon, une
unterstreichen - souligner
USA - les États-Unis
usw. - etc.

Vv

Vater - papa, un
Vatersname, der zweite Name - deuxième prénom
Vatis (Dat) - à / de papa
verdammt - mince
verdienen - gagner
Verein - club, un
Vereinbarung - accord, un; contrat, un
Verfolgung - poursuite, une
vergessen - oublier; j'oublia/oubliais, tu oublias/oubliais, il/elle oublia/ oubliait, nous oubliâmes/oubliions, vous oubliâtes/ oubliiez, ils oublièrent/oubliaient
verheitatet (ein Mann) - marié; verheitatet (eine Frau) - mariée
verkaufen - vendre
Verkäufer / die Verkäuferin - vendeur, un
Verlag - édition, une
verlassen - partir; quitter
verlieren - perdre
verschieden - différent (M), différente (F)
verstanden, verstand - je compris/comprenais; tu compris/comprenais; il/elle comprit/comprenait; nous comprîmes/comprenions; vous comprîtes/compreniez; ils/elles comprirent/comprenaient
versteckte - je cachai/cachais; tu cachas/cachais; il/elle cacha/cachait; nous cachâmes/cachions; vous cachâtes/cachiez; ils/elles cachèrent/cachaient
verstehen - comprendre
versuchen - essayer : j'essaie, tu essaies, il/on essaie, nous essayons, vous essayez, ils/elles essayent
verwirrt - confus (M), confuse (F)
Videokassette - cassette vidéo, une
Videothek - magasin vidéo
viel, viele - beaucoup, beaucoup de
vielseitig, alles könnend - tout autour

vier - quatre
vierter - quatrième
vierundvierzig - quarante-quatre
Vogel - oiseau, un
voll - complet (M), complète (F); plein de, plein d'
Vollzeitarbeit - travail à temps complet, un
von, aus - en dehors de, hors de, de
vor - il y a (Zeit), devant (Lage); vor einem Jahr - il y a un an.
vor allem - particulièrement
vorbei - passé, le (Zeit); en passant devant (Lage)
vorbereiten (sich) - préparer
vorgeben; so tun, als ob - faire semblant (de), prétendre
vorige, letzte - dernier
vorn - devant, avant
vorsichtig - attentivement, soigneusement
Ww
Waffe - arme, une; pistolet, un
wählen, aussuchen - choisir
während - pendant
wahrscheinlich, können - peut-être; Ich kann zur Bank gehen. - Je vais (peut-être) aller à la banque.
Wal - baleine, une; der Schwertwal - orque, un
war - je fus/j'étais, tu fus/tu étais, il fut/ il était, nous fûmes/nous étions, vous fûtes/ vous étiez, ils furent/ils étaient
waren - je fus/j'étais, tu fus/étais, il/elle fut/était, nous fûmes/étions, vous fûtes/étiez, ils/elles furent/étaient
warm - chaud (M), chaude (F)
warten - attendre
wartete - je attendis/attendais; tu attendis/attendais; il/elle attendit/attendait; nous attendîmes/attendions; vous attendîtes/attendiez; ils/elles attendirent/attendaient
warum - pourquoi
was - que, qu'est ce que, quoi / quel, quelle; Was ist das? - Qu'est ce que c'est?; Welchen Tisch? - Quelle table?
was ist mit…? - Qu'en est-il de…?
waschen - laver, nettoyer
waschend - lavant, nettoyant; waschen - laver, nettoyer

Waschmaschine - machine à laver, une
Wasser - eau, de l'
Wasserhahn - robinet, un
Website - site Internet, un
Weg - chemin, un; passage, un; weg sein - parti (M), partie (F)
weggehen - partir, s'en aller
weggehen, wegfahren - partir
wegnehmen - nettoyer/faire avec soin
weiblich - féminin
weil - parce que, car
weil, denn, da - alors que, depuis; à partir de, étant donné que
weinen - pleurer
weiß - blanc (M), blanche (F)
weit - loin, loin de; weiter - plus loin
Welle - vague, une
Welpe - chiot, un
Welt - monde, le
Weltall - espace, l'
wenig - un peu, peu
weniger - moins que, moins de
wenigstens - au moins
wenn - quand, lorsque
wer - qui, que, quel
Werbung - publicité, une; petites annonces, les
werden - Je vais, tu vas, il/elle va, nous allons, vous allez, ils/elles vont…(+ inf)
wessen - à qui
Wettbewerb - compétition, une
Wetter - temps, le
wichtig - important (M), importante (F)
wie - comme; Wie ich. - Comme moi. 2. comment; Wie geht es Ihnen? / Wie geht es dir? - Comment allez-vous? / Comment vas-tu?
wie viel - combien
wieder - encore, à nouveau
Wind - vent, le
wir - nous
wird, werden, werde - aller: Je vais, tu vas, il/elle va, nous allons, vous allez, ils/elles…(+inf)
wirklich - réellement, vraiment
wirkliche - réel, vrai
wo - où
Woche - semaine, une
wohnhaft - vivant (M), vivante (F); habitant
wollen - vouloir

wollte - je voulus/voulais, tu voulus/voulais, il/elle voulut/voulait, nous voulûmes/voulions, vous voulûtes/vouliez, ils/elles voulurent/voulaient
Wort, die Vokabel - mot, un; nass - mouillé (M), mouillée (F)
wunderbar - merveilleux (M), merveilleuse (F)
wunderschön - beau (M), belle (F), beaux, belles (PL)
wusste - je sus/savais, tu sus/savais, il/elle sut/savait, nous sûmes/savions, vous sûtes/saviez, ils/elles surent/savaient
wütend - avec colère, en colère
wütend - fâché, en colère

Zz

Zebra - zèbre, un
zehn - dix
zehnter - dixième
zeigen - montrer
zeigte - je montrai/montrais; tu montras/montrais; il/elle montra/montrait; nous montrâmes/montrions; vous montrâtes/montriez; ils/elles montrèrent/montraient
Zeit - temps, le; fois; die Zeit läuft - le temps passe
Zeit nehmen - prendre du temps; Es nimmt fünf Minuten. - Cela prend cinq minutes.
Zeit verbringen - passer du temps
Zeit zuteilen / finden - prendre du/son temps
Zeitschrift - magazine, un
Zeitung - journal, un; journaux, des (PL)
Zentrum - centre, le; ville, le - das Stadtzentrum - centre
zerbrechen, zerschlagen - casser
zerstören - détruire; détruit
ziehen - tirer
ziemlich - assez
Zimmer - chambre, une; pièce, une; espace, un; die Zimmer - chambres, pièces
zittern - secouer, trembler
Zoo - zoo, un
zu - à, au, vers; zu - trop (superlative); zu gross - trop grand (M), trop grande (F)
zu Fuß - à pied
zu sein - être: je suis, tu es, il/elle est, nous sommes, vous êtes, ils/elles sont
zu Zeiten - pendant
Zug - train, un
Zuhause - maison, une
zukünftig - futur, le; futur/ future (adj)
zurück - retour, de retour
zurückkommen - venir/repartir
zusammen - ensemble
zuschauen - regarder
zuvor - avant de faire (quelque chose)
zwanzig - vingt
zwanzig - vingt
zwei - deux
zweihundert - deux-cent
zweimal - deux fois
zweiter - second, deuxième
zwingen - forcer
zwischen - entre
zwölf - douze

Buchtipps

Das Erste Französische Lesebuch für Anfänger
Stufen A1 und A2
Zweisprachig mit Französisch-deutscher Übersetzung

Das Buch enthält einen Kurs für Anfänger und fortgeschrittene Anfänger, wobei die Texte auf Deutsch und auf Französisch nebeneinanderstehen. Die Motivation des Schülers wird durch lustige Alltagsgeschichten über das Kennenlernen neuer Freunde, Studieren, die Arbeitssuche, das Arbeiten etc. aufrechterhalten. Die dabei verwendete Methode basiert auf der natürlichen menschlichen Gabe, sich Wörter zu merken, die immer wieder und systematisch im Text auftauchen. Sätze werden stets aus den im vorherigen Kapitel erklärten Wörtern gebildet. Das zweite und die folgenden Kapitel des Anfängerkurses haben nur jeweils etwa dreißig neue Wörter. Die Audiodateien sind auf www.lppbooks.com/French/index_de.html inklusive erhältlich.

Das Erste Französische Lesebuch für Anfänger
Band 2
Stufe A2
Zweisprachig mit Französisch-deutscher Übersetzung

Dieses Buch ist Band 2 des Ersten Französischen Lesebuches für Anfänger. Das Buch enthält einen Kurs für Anfänger und fortgeschrittene Anfänger, wobei die Texte auf Deutsch und auf Französisch nebeneinanderstehen. Die dabei verwendete Methode basiert auf der natürlichen menschlichen Gabe, sich Wörter zu merken, die immer wieder und systematisch im Text auftauchen. Sätze werden stets aus den im vorherigen Kapitel erklärten Wörtern gebildet. Die Audiodateien sind auf www.lppbooks.com/French/index_de.html inklusive erhältlich.

Das Erste Französische Lesebuch für Studenten
Stufen A1 A2
Zweisprachig mit Französisch-deutscher Übersetzung

Das Buch enthält einen Kurs für Anfänger und fortgeschrittene Anfänger, wobei die Texte auf Deutsch und auf Französisch nebeneinander stehen. Die Dialoge sind praxisnah und alltagstauglich. Die dabei verwendete Methode basiert auf der natürlichen menschlichen Gabe, sich Wörter zu merken, die immer wieder und systematisch im Text auftauchen. In jedem Kapitel wird eine Anzahl an Vokabeln vermittelt, die anschließend direkt in kurzen, einprägsamen Texten und Dialogen veranschaulicht werden. Die Audiodateien sind auf www.lppbooks.com/French/index_de.html inklusive erhältlich.

Das Zweite Französische Lesebuch
Zweisprachig mit Französisch-deutscher Übersetzung
Stufe A2 B1

Das Zweite Französische Lesebuch ist ein zweisprachiges Buch für die Stufen A2 und B1. Es hilft Ihnen Französisch einfacher und schneller zu erlernen. Dieses Buch ist bestens für Sie geeignet, wenn Sie bereits Erfahrung mit der französischen Sprache haben. Das Buch ist nach der sogenannten ALARM-Methode aufgebaut. Neue Worte werden im Buch von Zeit zu Zeit wiederholt, dadurch können Sie sich leichter an sie erinnern. Diese Methode ermöglicht Ihnen ein schnelles Erlernen französischer Wörter und Sätze. Die Audiodateien sind auf www.lppbooks.com/French/index_de.html inklusive erhältlich.

www.ingramcontent.com/pod-product-compliance
Lightning Source LLC
Chambersburg PA
CBHW080341170426
43194CB00014B/2646